∃

Margret Seewald (Hg.)

Das Bastelbuch

Kreativer Klebespaß rund ums Jahr

Inhalt

UHU® *Die Firmengeschichte*

Nach nun fast 70 Jahren ist UHU® Alles-kleber nach wie vor der führende Klebstoff in Deutschland und Österreich und Gattungsbegriff für Klebstoff schlechthin. Wer also Klebstoff meint sagt UHU®. Zwischenzeitlich wuchs um den glasklaren Stoff aus der gelben Tube, der die Firma so berühmt machte, ein breites Sortiment von Klebstoffen, mit denen im „Falle eines Falles" (fast) alle Klebeprobleme gelöst werden können. Das UHU® Sortiment erfüllt höchste Verbraucheranforderungen und deckt alle Anwendungsbereiche ab, vom Kindergarten zum Büro, von Basteln bis Do-it-yourself und von Handwerk bis Industrie.

So fing alles an

Im Jahre 1905 kaufte der Apotheker August Fischer die kleine Chemische Fabrik Ludwig Hoerth (gegründet 1884) in Bühl/Baden. Er führte zunächst die Produktion von Tinten, Stempelkissen, Farben und Klebstoffen weiter. Sicherlich ahnte er damals nicht,

dass die gleiche Firma einmal eine Erfin-dung machen würde, die sie zu einem der weltweit bekannten Hersteller von Kleb-stoffen machen würde.

1932 kam es dann zu dem entscheidenden Durchbruch: August Fischer gelang die Entwicklung des ersten gebrauchsfertigen, glasklaren Kunstharz-Klebstoffes der Welt. Mit ihm konnten alle zur damaligen Zeit bekannten Materialien, sogar die ersten Kunststoffe wie Bakelite® geklebt werden.

Der eingängige Name

Wie in der Papier-, Büro- und Schreib-warenbranche üblich, wählte er für sein neues Produkt den Namen eines Vogels – der zur damaligen Zeit noch im Schwarz-wald heimisch war, und er nannte seinen ersten Klebstoff „UHU Der Alleskleber". Zwischenzeitlich ist der Klebstoff in der schwarz-gelben Tube einer der bekanntes-ten Markenartikel unserer Zeit. Der ursprüngliche Alleskleber wurde im Laufe der Jahre durch eine Vielzahl weiterer Klebstoffe ergänzt, sodass UHU® heute eine abgerundete Produktpalette mit passenden Klebstoffen für alle klebbaren Materialien

anbieten kann. Ständige Entwicklungen innovativer Produkte und fortschrittlicher Klebetechniken führten zu einem kompletten Programm von Klebern, die in Qualität und Leistung unübertroffen sind.

100 Jahre Erfolgsgeschichte

Über 100 Jahre nach der Gründung kann UHU® heute auf eine Firmengeschichte zurückblicken, die durch kontinuierlichen Fortschritt in Forschung und Entwicklung und durch geschäftlichen Erfolg gekennzeichnet ist. Bereits 1971 ging UHU® in den Besitz der englischen Beecham Gruppe über, aus der sie 1989 durch einen Management-Buy-Out herausgelöst wurde. Seit 1994 ist UHU® nun eine 100%ige Tochter der Bolton B.V. Amsterdam. Seit jeher ist das Unternehmen, obwohl weltweit agierend, eng verwurzelt mit der Bühler Region.

Heute wird der Name UHU® getragen von über 600 engagierten Mitarbeitern, modernen Produktionsbetrieben am Hauptsitz in Bühl, in Wolfen und Mexiko, Niederlassungen in Europa und Übersee und Distributionspartnern in mehr als 120 Ländern weltweit. Über 60% des Umsatzes werden im Exportgeschäft erzielt.
UHU® wird sich auch weiterhin den herausfordernden Erwartungen seiner Verbraucher stellen und innovative Problemlösungen anbieten, die die Anwendung von Klebstoffen einfach und im Ergebnis sicher machen. Getreu dem Slogan: Im Falle eines Falles klebt UHU® wirklich alles.

UHU® *Die Daten*

Das Unternehmen

1905 Der Apotheker August Fischer erwirbt die Chemische Fabrik Ludwig Hoerth in Bühl/Baden (gegr. 1884)

1932 August Fischer gelingt es, den ersten glasklaren, gebrauchsfertigen Klebstoff auf Kunstharzbasis zu entwickeln. Er nennt ihn: UHU® Der Alleskleber.

1971 Die Firma Fischer & Fischer, Bühl, geht in den Besitz der englischen Beecham Group über.

1974 Durch Fusion mit den Lingner-Werken, Düsseldorf, entsteht die Lingner + Fischer GmbH, ein Unternehmen der Beecham-Gruppe.

1990 Management-Buy-Out und Gründung der UHU® Holding GmbH durch ein Konsortium von fünf Gesellschaftern (u. a. Bolton B.V., Amsterdam)

1990 Gründung UHU® France S.a.r.l.

1991 Gründung UHU® U.K. Ltd.

1992 Gründung Colas Pegamentos y Derivados UHU® S.A., Spanien

1993 UHU® kauft die Marke DUOSAN von den ORWO-Werken und übernimmt die Klebstoffproduktion in Wolfen.

1994 Die Bolton B.V., Amsterdam, übernimmt alle Firmenanteile der UHU® Holding GmbH. Damit ist UHU® ein 100%iges Tochterunternehmen der Bolton-Group.

1994 Gründung UHU® Italia

1995 Gründung UHU® Austria Ges.m.b.H.; UHU® Hellas Ltd., UHU® Mexico, S.A. de C.V

1996 UHU® übernimmt die Perfecta GmbH, Bomlitz, von der Perfecta, International B.V., Goes/NL, und damit den Vertrieb der Marken BISON, Walsroder und Walocel für Deutschland.

1996 Gründung UHU® Australia Pty Ltd., UHU® Kleje POLSKA Sp. z o.o., UHU® (Schweiz) AG

1997 Gründung UHU® Portuguesa Adesivos, Lda.

1998 Gründung UHU® America, Inc.

1999 Gründung UHU® Adhesives Canada, Ltd.

2001 UHU® ist weltweit in 125 Ländern distribuiert.

UHU® *Kleine Klebelehre*

Kleben und Physik

Eine Verklebung ist eine Verbindung von Teilen durch eine Klebstoffschicht. Der Klebstoff härtet durch das Trocknen oder durch eine chemische Reaktion und hält dadurch die Materialien zusammen. Zwei Faktoren beeinflussen die Haltbarkeit einer Verklebung:

Die Adhäsion
(Grenzflächenhaftung)

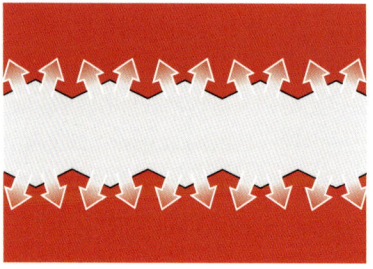

Adhäsionskräfte wirken zum Beispiel, wenn ein nasses Blatt Papier an eine Glasscheibe gedrückt wird und dort hängen bleibt. Es „klebt" sozusagen. Eine hohe Adhäsion entsteht dann, wenn zwischen der Oberfläche des zu klebenden Teiles und dem Klebstoff ein enger Kontakt entsteht. Das ist nur möglich, wenn sich zwischen Klebstoff und Werkteil keine Fremdstoffe wie alte Klebereste, Fett oder Schmutz bzw. Staub befinden. Die Haftung kann auch verbessert werden, indem man die Oberfläche der zu verklebenden Teile mit Schleifpapier anraut. Dabei wird die Oberfläche nicht nur gründlich gesäubert, sondern auch vergrößert.

Die Kohäsion
(innere Festigkeit des Klebstoffes)

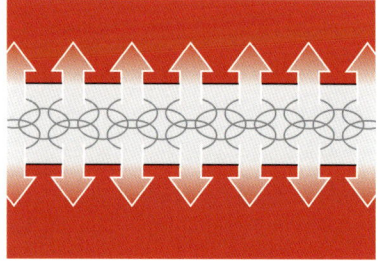

Die Kohäsion ist das Zusammenhalten der Klebstoffteile oder Moleküle untereinander. Je höher die Kohäsion, desto höher die Festigkeit des Klebstoffes. Beim Kleben selbst kann man diesen Zusammenhalt optimal nutzen, wenn man den Klebstoff gleichmäßig und nicht zu dick aufträgt.

Was man beim Kleben beachten muss

Die Gestaltung der Klebeflächen nach Form und Größe

Über die Haltbarkeit einer Verklebung entscheidet u. a. die Art der Beanspruchung. Mithilfe einfacher Mittel können schwache Klebestellen verstärkt und somit haltbarer gemacht werden. Halten Sie die zu verklebenden Teile aneinander, und bewegen Sie sie so, wie sie später beansprucht werden. Dadurch erkennen Sie, welche Kräfte in welcher Richtung wirken, das heißt, ob es sich um eine reine Zugbeanspruchung oder auch um Spalt- und Schälbeanspruchung handelt.

Die Zugbeanspruchung

Bei geringer Belastung wählen Sie den stumpfen Stoß.

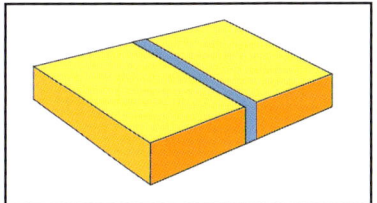

Bei größeren Belastungen vergrößern Sie die Klebestellen durch:

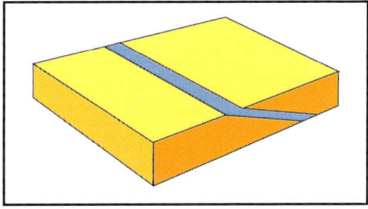

Schäftung

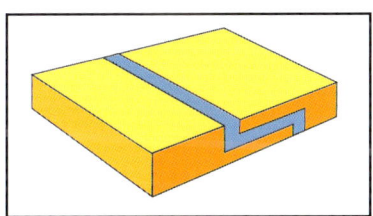

Schäftung

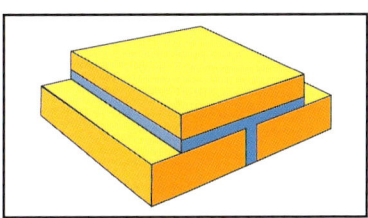

einseitige Lasche

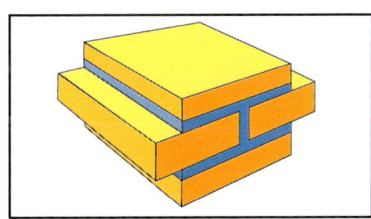

zweiseitige Lasche

Die Spaltbeanspruchung

Hier wird die gesamte Klebefläche ungleich-
mäßig (waagrecht zur Klebefläche) belastet.
Verstärken Sie wie bei der Zugbeanspruchung oder legen Sie eine Manschette um.

Die Schälbeanspruchung

Flexible Materialien können sich an der
Klebefläche durch Schälkräfte aufrollen.
Gegen Schälbeanspruchung kann die
Klebestelle verstärkt werden durch:

Abrunden der anfälligen Ecken

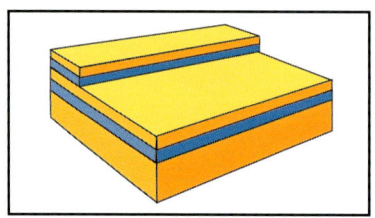

Aufkleben eines versteiften Materialstreifens

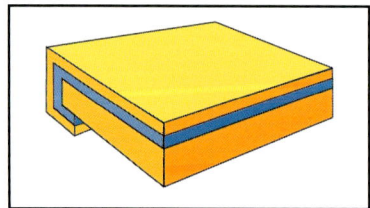

Herumführen des flexiblen Teils um die
Kante des steiferen Teils

Die richtige Vorbereitung der Klebeflächen

• Die Oberfläche der Klebeflächen von
Rost, Farbresten und anderen Fremdstoffen
reinigen.
• Nun die Oberfläche durch Schleifen
anrauen.
• Die Klebeflächen gründlich entfetten, zum
Beispiel mit Aceton, Alkohol oder Nitro-
verdünner.
• Die Klebestellen trocknen lassen. Wichtig:
Die vorbereiteten Flächen dürfen während
des Trocknens nicht mehr berührt werden,
damit keine Hautfette übertragen werden.
• Anschließend den Klebstoff gleichmäßig
und dünn auftragen (bei Kontaktklebern auf
die Ablüftzeit achten).
• Unbedingt Schmutz und Staub von frisch
mit Klebstoff eingestrichenen Flächen fern-
halten. Schleifarbeiten u. Ä. sollten unter-
brochen werden, bis die Teile zusammengefügt sind.
• Grundsätzlich gilt:
Gebrauchsanweisung beachten.
Probeverklebung durchführen.

Die unterschiedlichen Klebstoffarten

Nassklebstoffe

Nassklebstoffe werden nur auf ein Fügeteil aufgetragen. Dieses wird sofort auf das zweite Fügeteil geklebt. Die Teile sind zu fixieren, da die Haftung erst dann eintritt, wenn die Lösungsmittel verdunstet sind. Bei so genannten „lösungsmittelfreien" Klebstoffen ist Wasser die Trägersubstanz. Offenporige Materialien begünstigen die Trocknung von Nassklebestoffen.

Lösungsmittelhaltige Klebstoffe

In vielen Klebefällen werden Klebstoffe mit Lösungsmitteln gebraucht. Vor allem, wenn es auf eine besonders schnelle Anzugsgeschwindigkeit ankommt, Papierwellung vermieden werden soll oder nicht-poröse Materialien verklebt werden. Diese Klebstoffe bestehen aus Harzen bzw. Kautschuken, die durch herkömmliche Lösungsmittel, z. B. Alkohol, Aceton oder Methylacetat verflüssigt sind. Durch Verdunstung des Lösungsmittels härtet der Klebstoff aus. Das Lösungsmittel muss also durch das Material entweichen können. Bei Holz, Pappe und Leder gelingt das. Bei undurchlässigen, dichten Werkstoffen, wie Metall, Porzellan, oder Hartkunststoff muss die Klebefläche möglichst schmal und lang gestreckt sein, damit das Lösungsmittel seitlich entweichen kann. Viele Kunststoffe werden von Lösungsmittelklebern mehr oder weniger angegriffen oder sogar aufgelöst. Deshalb sollte man bei der Verklebung von Kunststoffen immer auf die entsprechenden Packungshinweise achten.

Kontaktklebstoffe

Kontaktklebstoffe werden auf beide Fügeteile aufgetragen. Nach der Ablüftzeit, die je nach Lösungsmittel unterschiedlich lang sein kann, werden die Fügeteile mit hohem Anpressdruck zusammengefügt. Die Fügeteile haften sofort. Das Werkstück kann schnell belastet werden.

Kontaktkleber

(Lösungsmittelklebstoffe mit Kontaktklebefähigkeit)
UHU® Kontaktkleber, wie z. B. UHU® Alleskleber Kraft oder UHU® greenit, lassen sich im zweiseitigen Kontaktklebeverfahren verarbeiten. Sie eignen sich besonders zum Verkleben von dichten Materialien, die

lösungsmittelundurchlässig sind. Kontaktkleber ermöglichen sofort haftende Verklebungen, die in kurzer Zeit hohe Festigkeiten erzielen. Sie bleiben auch nach der Trocknung elastisch; deshalb eignen sie sich besonders gut für Materialien, die an der Klebestelle flexibel bleiben sollen (z. B. Schuhsohlen, Ledergürtel). Kontaktkleber finden in der Großflächenverarbeitung (z. B. bei Furnieren von Tischen) ein weites Anwendungsgebiet. UHU® Kontaktkleber gibt es auch ohne Lösungsmittel.

Was ist „Kontaktkleben"?
Kontaktkleben ist ein Verfahren, bei dem die zu verklebenden Teile beidseitig dünn und gleichmäßig mit Klebstoff bestrichen werden. Die Teile werden nicht sofort zusammengefügt, sondern zunächst offen liegen gelassen (das Lösungsmittel kann ablüften), bis sich die Klebstoffoberflächen „berührtrocken" anfühlen. Erst dann werden die Teile sanft aufeinander gelegt, ausgerichtet und kurz, aber kräftig zusammengepresst. Dabei ist die Stärke des Druckes und nicht dessen Dauer wichtig. Ist die Kontaktverklebung richtig ausgeführt, lassen sich die Teile nicht mehr korrigieren.

Reaktionsklebstoffe

Reaktionsklebstoffe sind Klebstoffe, die chemisch, physikalisch oder katalytisch härten. Je nach Reaktionsverhalten können sie ein- oder zweikomponentig sein.

Einkomponentige Reaktionsklebstoffe
Einkomponentenklebstoffe sind Klebstoffe, die je nach Art, Luftfeuchtigkeit, UV-Licht oder Luftsauerstoff (aerobe Kleber) oder unter Luftabschluss z. B. mit Metallionen (anaerobe Kleber) reagieren. Bei Einkomponentenklebern wird der Klebstoff einseitig auf die Klebestelle aufgetragen. Die Reaktion wird durch die in der Umwelt oder auf der Klebefläche vorhandene zweite Reaktionskomponente sofort gestartet.

Zweikomponentige Reaktionsklebstoffe
Zweikomponentenkleber sind Klebstoffe, die je nach Art, aus flüssigen, pasten- oder pulverförmigen Komponenten bestehen.

Die Komponenten müssen in der Regel exakt im angegebenen Mischungsverhältnis gemischt werden. Zur Verwendung steht nur eine begrenzte Verarbeitungszeit (Topfzeit) zur Verfügung. Die Aushärtung beginnt sofort. Die Härtezeit ist ebenfalls abhängig von der Art des Klebers und der Umgebungstemperatur. Die Klebung muss bis zur vollständigen Aushärtung fixiert werden.

Schmelzklebstoffe

Schmelzklebstoffe können als Patronen, Stifte, Pulver, Granulat, Netze oder Folien zum Einsatz kommen. Sie enthalten keine Lösungsmittel. In der Regel sind keine Misch- oder Dosiervorgänge nötig. Schmelzklebstoffe werden durch Temperatur aufgeschmolzen. Dieses kann in der Klebefuge selbst (z. B. Aufbügeln von Umleimern) oder mittels einer Klebepistole erfolgen, aus der der heiße Klebstoff auf die Fügeteile aufgetragen wird. Heißklebstoffe schmelzen bei Temperaturen zwischen 110 °C (UHU® pistole LT 110) und über 220 °C bei anderen Systemen.

Haftklebstoffe

Haftklebstoffe sind Produkte, die permanent klebefähig bleiben.

Diese dauerhaft klebrigen Materialien werden dort verwendet, wo eine Klebung nicht auf Dauer angelegt und eine spätere Trennung erwünscht ist. Haftklebstoffe werden im Wesentlichen bei Klebefilmen und -bändern, bei doppelseitigen Klebebändern und -kissen sowie bei Haftnotizen, Selbstklebe-Etiketten und -Folien eingesetzt.

Die Uhu-Symbole auf der rechten Seite der Bastelanleitungen beziehen sich auf den Schwierigkeitsgrad der Bastelarbeit:

🦉 : leicht

🦉 🦉 : mittel

🦉 🦉 🦉 : schwer

Frühling

wird's nun bald

Liebe Grüße

he Ostern !

Grußkarten mit Schütteleffekt

Das brauchen Sie:

- ✿ Passepartoutkarte in Gelb mit ovalem Ausschnitt
- ✿ Fotokarton in Rot und Hellblau
- ✿ Tonpapier in Rot und Grün, Wellkarton in Blau
- ✿ Pauspapier (Kohlepapier), Filzstift in Schwarz
- ✿ klare Folie (z. B. von Dokumentenmappen)
- ✿ Zierrandschere, Bastelmesser
- ✿ Moosreste, 1 weiße Feder
- ✿ Schüttelmaterialien wie Eierschalen, Pailletten (z. B. von Rayher Hobbykunst), Wunderlocher und bunte Fotokartonreste
- ✿ UHU® stic Klebestift, UHU® fix & fest Klebekissen

Gehören Sie zu den unentwegten Bastlern, die an den neuesten Schüttel-
karten nicht vorbeikommen? Willkommen im Club, wir gehören auch
dazu! Diese Karten sind etwas dicker als üblich. Sie sehen gut aus, keine
Frage. Bei näherer Betrachtung aber gibt's noch eine Überraschung.
Denn, wenn man schüttelt, bewegt sich was hinter den Fenstern, nämlich
kleine Dinge wie Stanzmotive aus dem Wunderlocher, Pailletten und
Eierschalen. Der Platz dafür wird möglich durch einen eingebauten Hohl-
raum hinter einer Klarsichtfolie, dem „Fenster".
Größe: ca. 18 x 22 cm, 13,5 x 12,5 cm und DIN A6.

Anleitung:

✿ Für die **Passepartoutkarte** ein anders-
farbiges Einlegeblatt aus Fotokarton
zuschneiden, Gras und Schleife nach der
Musterzeichnung (siehe Vorlagebogen) aus
Tonpapier zuschneiden. Die Linien der
Schleife mit dem Filzstift nachziehen. Die
Schleife hinter den Passepartoutausschnitt
kleben. Den Rahmen des großen Eies
(Muster siehe Vorlagebogen) auf die Rückseite des Wellkartons, den Hintergrund
auf den Fotokarton übertragen. Das Foto-
karton-Ei mit einer Zierrandschere ausschneiden, den Rahmen mit dem Bastelmesser. Für die große Eikarte wird das
Ei vom Tischkärtchen auf einem Fotokopiergerät auf 200 % vergrößert.

✿ Für das **Tischkärtchen** alle Teile vom
Vorlagebogen auf Fotokarton übertragen
und ausschneiden. Die Wellenlinie mit dem
Bastelmesser einschneiden und die Karte
entlang der gestrichelten Linie umknicken.
Das eingeschnittene Teil steht nach oben
(hinten) über die Knickkante hinaus.

✿ Für **Karte und Ei** nun jeweils ein
Folienstück mindestens 1 cm größer als
der Passepartoutausschnitt bzw. der
Eirahmenausschnitt zuschneiden. Das

Folien-„Fenster" mit dem Klebestift auf die
Eirahmen-Rückseite bzw. die Karten-
innenseite kleben.

✿ Auf dieses „Fenster", dicht außerhalb
des Ausschnittes, die fix & fest Klebekissen
aufkleben. Sie sollen am Ausschnitt entlang
lückenlos aneinander anschließen (man
kann sie auch mit der Schere halbieren).

✿ Das gewünschte Schüttelmaterial aufs
Fenster geben, die Trägerpapierstücke
entfernen und das Einlegeblatt bzw. den
Hintergrund passgenau darauf kleben.

✿ Das Grasteil auf die Passepartoutkarte
kleben und die Vorderseite mit weiteren
Pailletten (fertige Stanzteile wie Schmetterlinge und Tulpen) verzieren. Auf den
Rahmen des großen Eies ebenfalls Stanzteile kleben.

✿ Für das Tischkärtchen die Vorderseite
mit Moos bekleben. Darauf Eierschalen-
stücke und eine Feder befestigen. Das Ei von
oben in den Kartenausschnitt kleben.

„Pünktlich" zum Osterfest grüßen ...

Das brauchen Sie:

- ✿ Tonpapier und Fotokarton in verschiedenen Farben
- ✿ Zierrandscheren oder Zierrandcutter
- ✿ Schneidematte
- ✿ Lochzange
- ✿ Bändchen zum Dekorieren oder Aufhängen
- ✿ UHU® neon glue
- ✿ UHU® fix & fest Klebekissen (als Abstandhalter)
- ✿ UHU® stic Klebestift

Persönliche Grüße zu den großen Festen im Jahr sind eine schöne Gewohnheit. Wie wäre es mit dieser originellen Idee, die punktgenau zu Ostern eintreffen sollte? Also drücken Sie mal auf die Tube und setzen Sie Punkt für Punkt in sechs verschiedenen Farben auf die Grußkarten. Größen: von ca. 8,5 x 11 cm bis ca. 10 x 11 cm.

Anleitung:

✿ Die Motive für alle Karten vom Vorlagebogen auf Ton- oder Fotokarton übertragen und ausschneiden. Mit neon glue aus der Tube bemalen oder erst Streifen, mit der Zierrandschere geschnitten, bemalen und mit Abstand auf die Karten kleben. Einen weiteren Karton (evtl. doppelt) zum Beschriften darunter kleben. Mit der Lochzange Löcher für die Aufhängung einstanzen und mit passenden Bändchen verzieren.

✿ Für das **große Ei** (aus weißem Karton) Streifen von 2 cm Breite in Gelb und von 1 cm in Rot mit der Wellenschere schneiden. Mit Punkten verzieren, nach dem Trocknen mit Abstand aufkleben. Das Ei auf rotes Papier kleben, den Rand mit der Wellenschere schneiden.

✿ Für das **Herz** (aus orangefarbenem Karton) Streifen von 1,5 cm Breite in Weiß schneiden, verzieren, mit Abstand aufkleben. Rotes Papier unterkleben, weißen Karton unterlegen.

✿ Für das **Osternest** hellgrünen Karton in der Größe 10 x 16 cm zuschneiden, 5 cm vom längeren Stück umknicken, Zacken beliebig einschneiden. Drei gleiche Eier in verschiedenen Farben ausschneiden, mit Abstand aufkleben. Hellgrüne Blumen und Ostereier mit neon glue bemalen. Trocknen. Zackenreihe und Blumen mit Abstand aufkleben. Mit der Büttenrandschere Blumenteile in Gelb und Orange ausschneiden und entsprechend verfahren.

✿ Für die **Torte** sechs Schichten mit der Büttenrandschere ausschneiden: ca. 8 cm, 6,5 cm und 4,5 cm Durchmesser in Weiß, 7,5 cm und 5,5 cm in Braun sowie 5,8 cm Durchmesser in Pink. Die oberste weiße Schicht in Tortenstücke einteilen, mit Filzstift bemalen. Klebekissen zwischen die Lagen kleben. Mit neon glue in Pink Kirschen auf die Torte setzen. Nach dem Trocknen die Torte auf die pinkfarbene Raute setzen, Löcher einstanzen, weißen Karton unterkleben.

Familie Mümmelmann im Sonntagsstaat

Das brauchen Sie:

- ✿ Pauspapier
- ✿ Wellkarton in Blau, Rot und Gelb
- ✿ Velourspapier in Rot und Gelb
- ✿ Streifen- und Tupfen-Fotokarton in Rot/Weiß und Blau/Weiß (alle Papiere z. B. von Heyda)
- ✿ Papierreste in Schwarz und Weiß
- ✿ dünne Kordel in Blau (ca. 55 cm), Rot (ca. 45 cm) und Gelb (je Hasenkind ca. 35 cm), Bastelmesser
- ✿ Hybrid Tintenroller in Schwarz und Weiß
- ✿ evtl. Bildaufhänger
- ✿ UHU® Alleskleber extra (tropffrei)
- ✿ UHU® tac patafix Klebepads (zum Befestigen)

Mit dieser niedlichen Hasenfamilie kommt Osterstimmung auf! Vater, Mutter und die Kleinen der Familie Hase sind gar nicht schwer zu basteln. Das Outfit bekommen die Häschen mit Wellkarton und der neuesten Fotokarton-Kreation mit Streifen und Tupfen. Sie können fröhlich mit den Armen und Beinen schlenkern. Größe: ca. 23, 34 und 40 cm hoch.

❀ Nun alle Teile ausschneiden, die Mundöffnungen mit dem Bastelmesser herausschneiden.

❀ Die weißen Zähnchen mit dem Tintenroller auf schwarzes Papier aufmalen und hinter die Mundöffnungen kleben. Die Ohrinnenflächen aufkleben.

❀ Augen und Nasen ausschneiden und aufkleben. Die weißen Lichteffekte mit dem weißen Stift aufmalen.

❀ Die Kordeln zum Verbinden von Armen und Beinen in entsprechend lange Stücke schneiden und auf die einzelnen Körperteile kleben. Den Klebstoff trocknen lassen und die anderen Körperteile passgenau darüber kleben.

❀ Nun die Hasen noch mit Kleidchen, Hosen und Hosentaschen schmücken und an die Wand oder ans Fenster hängen. Die Pfoten mit ihren Kordeln halten mit weichgekneteten UHU® tac patafix Klebepads zusammen.

Tipp: Bei der Verwendung der Hasen als Wandschmuck reicht es aus, wenn eine Körperseite mit Gesicht und Kleidung versehen wird. Als Schmuck im Fenster sollten die Hasen von vorn und hinten gleich aussehen. Dann sämtliche Teile je zweimal zuschneiden.

Anleitung:

❀ Die Musterzeichnung vom Vorlagebogen abpausen und für die größeren Hasen auf 130 % bzw. 150 % mit einem Fotokopiergerät vergrößern.

❀ Die Einzelteile der Hasen je zweimal auf die Rückseiten des Wellkartons übertragen. Aus Stabilitätsgründen sollte die Welle für Vorder- und Rückseite jeweils in verschiedene Richtungen verlaufen. Die Ohrinnenflächen übertragen Sie auf die Rückseite des Velourspapiers, die Kleidungsteile auf die bunten Papiere.

Ostereier auf Stelzen

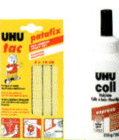

Das brauchen Sie:

- ✿ Pauspapier
- ✿ Holzbrettchen, ca. 1 cm dick (in Baumärkten erhältlich)
- ✿ Laubsägezubehör, Schleifpapier, 120
- ✿ Farben in Weiß und beliebigen anderen Farben,
  z. B. Deka colormatt, wasserfest, Pinsel
- ✿ Relieffarbe für die Muster, z. B. Deka fun
- ✿ Rundholzstäbe, 1 cm ø
- ✿ Schwammstückchen zum Bemalen der Rundholzstäbe
- ✿ Dekobänder, schmal und breit
- ✿ UHU® coll express Holzleim, UHU® tac patafix Klebepads

Man muss sie nicht lange suchen, diese Riesen-Ostereier! Die Eier selbst sind schon 22 cm hoch, die Rundholzstäbe mindestens 80 cm lang. Bei näherem Hinsehen wird Ihnen die glänzende Bemalung auffallen, praktisch direkt aus dem Fläschchen. Mal in Streifen, mal in Punkten, mal mit üppiger Musterung. Entscheiden Sie, wie's Ihnen am besten gefällt. Und platzieren Sie die Ostereier auf Stelzen in Ihrem Garten, auf dem Balkon oder der Terrasse. Schöne Schleifen machen die Dekoration perfekt. Größe: ca. 18 x 22 cm.

Anleitung:

✿ Für den einfachen Eistecker die Eiform vom Vorlagenbogen übertragen und einmal aussägen. Für das plastische Ei zusätzlich noch zwei Eihälften zurechtsägen.

✿ Flächen und Kanten schön glatt schleifen. Die Teile mit weißer Farbe grundieren und anschließend in einem beliebigen Farbton bemalen.

✿ Auf einer Seite Muster mit Relieffarbe aufmalen, trocknen lassen und anschließend die andere Seite bemalen.

✿ Den bemalten Rundholzstab mit UHU® coll express in den Eiausschnitt kleben und den Leim trocknen lassen.

✿ Beim plastischen Ei anschließend erst die Eihälfte einer Seite aufleimen, dann von beiden Seiten abstützen, z. B. mit dagegengestellten Flaschen. UHU® coll express trocknet klar auf.

✿ Mit der zweiten Hälfte auf der Gegenseite ebenso verfahren. Damit das Ei liegen bleibt, von unten stützen, z. B. mit Bücherstapeln.

✿ Nun dicht unter dem Ei Bandschlingen oder -schleifen mit weich gekneteten UHU® tac patafix Klebepads befestigen. Die Bänder mit schmalen Bändchen festbinden.

Prächtig bunt: Eier im Osterkranz

Das brauchen Sie:

- ✿ 2 oder 3 Eierkartons
- ✿ Bastelmesser, Pinsel
- ✿ Acrylfarbe in Dunkel- und Hellgrün, Gelb und Rot
- ✿ 20 bis 25 Eier, ausgeblasen oder an einer Spitze aufgeschlagen
- ✿ Seidenpapier in beliebigen Farben
- ✿ Styroporring, 25 cm ø
- ✿ irisierende Blumenfolie, Schere
- ✿ UHU® stic Klebestift, UHU® Klebepistole LT 110 XL
- ✿ UHU® Klebepatronen, transparent, UHU® Alleskleber Kraft

Ein duftiger Blickfang zur Osterzeit an der Tür oder im Treppenhaus!
Bei dieser Kreation helfen auch die Kinder gern mit, denn es gibt viel zu tun
für mehrere fleißige Hände. Die Halterungen für die Eierblumen sind
„Hütchen", die aus Eierschachteln herausgeschnitten wurden. Seidenpapier
wird zu Blütenblättern und die gefärbten und gesprenkelten Eier sind die
Blütenmitten. Alles wird auf einen Styroporkranz geklebt und die Lücken
mit irisierender Blumenfolie ausstaffiert.
Größe: ca. 35 cm Durchmesser.

Anleitung:

✿ Aus den Eierkartons mit dem Bastelmesser einzelne Hütchen ausschneiden. Sie dienen der Halterung. In verschiedenen Grüntönen bemalen.

✿ Die ausgespülten Eier gelb bemalen und anschließend rote Sprenkel darauf spritzen.

✿ Das grüne Seidenpapier in lange Streifen reißen, die Streifen mit dem Klebestift bestreichen und den Styroporring damit bekleben.

✿ Das Seidenpapier für die Blumen in ca. 20 x 20 cm große Stücke schneiden. Jedes Teil viermal falten, sodass sich ein spitzes Tortenstück ergibt. Daraus nach der Vorlage (Vorlagebogen) das Blütenblatt schneiden. Das Teil auseinander falten.

✿ UHU® Alleskleber Kraft in den Boden eines Eierhütchens geben und eine Seidenpapierblüte hineinkleben. Als Blütenmitte ein bemaltes Ei befestigen. Mit der Klebepistole diese Blumen rund um den Kranz verteilt befestigen.

✿ Kreise oder Quadrate (ca. 15 cm) aus der irisierenden Blumenfolie schneiden und die Zwischenräume damit auffüllen. Die Stücke werden einfach mit einem Bleistift o. Ä. „eingestochen".

Tipp: Denken Sie früh genug daran, Eier auszublasen oder vorsichtig aufgeschlagene aufzuheben.

Meister Lampe
versteht sein Handwerk

Das brauchen Sie:

- ✿ Pauspapier
- ✿ Regenbogenfotokarton (Ei)
- ✿ Fotokarton in Gelb, Rot, Blau, Grün, Gelbgrün, Orange
- ✿ Schere
- ✿ einen dünnen schwarzen Filzstift
- ✿ 13 cm Bändchen, schmal, in Blau (Eimerhenkel)
- ✿ UHU® flinke flasche

Nicht zu übersehen, hier sind die Vorbereitungen fürs Osterfest in vollem Gange. Der fleißige Hase ist gerade dabei, das Osterei kunstvoll (mit einem Mohrrübenpinsel!) zu bemalen. Ein Motiv, das auch Kindern gefällt.

Für die Größe von 35 x 45 cm sind Regenbogenfotokarton und bunter Fotokarton geeignet, für ein kleineres genügt das dünnere Tonpapier. Dazu eine Schere und Klebstoff, das ist alles, was Sie brauchen. Das Ergebnis: Ein Riesen-Fensterbild, von drinnen und draußen schön.

Anleitung:

✿ Die Vorlage vom Vorlagebogen abnehmen und auf dem Kopiergerät auf 200 % vergrößern. Wollen Sie ein kleines Exemplar basteln, genügt die Originalgröße. Dann brauchen Sie nur für das Ei Fotokarton, für alle übrigen Teile Tonpapier.

✿ Die einzelnen Teile auf Fotokarton der jeweiligen Farbe (siehe Foto) übertragen und ausschneiden (Hasenarme zweimal). Die Konturen innerhalb der Figur auf Vorder- und Rückseite mit dem schwarzen Filzstift nachziehen, sodass die Figur von innen und außen zu sehen ist.

✿ Die Schleife auf die Eispitze kleben und darüber die nach unten rinnende Farbe. Nun den Hasen, zunächst ohne seine Arme, auf dem Ei befestigen.

✿ Die Pinselspitze zweimal zuschneiden und von vorn und hinten auf den Karotten-Pinselgriff kleben. Den Pinselgriff auf dem Hasen, die Pinselspitze auf dem Ei befestigen. Auf Vorder- und Rückseite des Hasen und über dem Pinsel je einen Arm anbringen.

✿ Zuletzt die vom Pinsel tropfende Farbe und den Eimer mit überlaufender Farbe am Ei festkleben. Das Band für den Eimerhenkel vorn und hinten an den mit x bezeichneten Stellen befestigen.

✿ Das fertige Bild mit weich gekneteten UHU® tac patafix Klebepads am Fenster anbringen. Es kann so problemlos auch wieder entfernt werden.

Herzenswünsche zum Muttertag

Das brauchst du:

- ✿ Pauspapier
- ✿ Bastelmesser
- ✿ evtl. ein Kreisschneider und dicke Pappe zum Unterlegen
- ✿ Wellkarton einfarbig in Rot und Weiß sowie mit Punkten und Herzen (z. B. von Heyda)
- ✿ weiße Tortendeckchen aus Papier
- ✿ Kordelrest in Rot
- ✿ je 3 Wattekugeln, 2 cm und 2,5 cm ø
- ✿ Pinsel und Wasserfarbe oder Filzstift in Rot
- ✿ UHU® stic Klebestift
- ✿ UHU® Klebepistole LT 110 XL
- ✿ UHU® Klebepatronen, transparent

Die neuen Wellkartons mit roten Pünktchen auf Weiß und weißen Herzchen auf Rot sind ideal für Muttertags-Basteleien. Wenn dazu noch eine duftige Tortenspitze verwendet wird, sieht's gleich ganz festlich aus. Hier werden ein Herz mit Gutscheinen, ein Serviettenhalter und ein Blumenvasen-Herz mit drei Etagen gebastelt. Größe: ca. 17 bis 23 cm breit.

Anleitung:

✿ Die Herzen vom Vorlagebogen auf die Rückseite des entsprechenden Wellkartons übertragen, die Teile ausschneiden. Von den Tortendeckchen die Spitze in Streifen abschneiden.

✿ Die Kante der Herzen-Rückseite mit dem Klebestift einstreichen. Den Spitzenstreifen in Falten legen und festkleben.

✿ Für den **Gutscheinhalter** das größte Herz verwenden. Gutscheine anfertigen und am oberen Rand Löcher hineinstechen. Das Herz in oberer Mitte lochen und die Gutscheine anbinden.

✿ Für den **Serviettenhalter** die drei kleinsten Herzen verwenden. Das größte Herz davon zweimal zuschneiden. Die Tortenspitze mit UHU® stic auf den Rand des einen Herzens kleben, das andere dagegenkleben.

✿ Das Loch für die Serviette muss bei jedem Herz einzeln mit dem Bastelmesser oder Kreisschneider herausgeschnitten werden. Bitte einen Erwachsenen, dir dabei zu helfen. Dicke Pappe zum Schutz des Tisches unterlegen! Zum Schluss werden die beiden kleineren Herzen passgenau aufgeklebt.

✿ Für das **Blumenvasen-Herz** zuerst die Wattekugeln mit Wasserfarbe oder Filzstift bemalen.

✿ Die drei größten Herzen verwenden. Aus dem mittleren und dem kleinen Herz mit dem Bastelmesser oder Kreisschneider den Kreisausschnitt für das Gläschen bzw. die Vase herausschneiden. Dabei wird dir ein Erwachsener gern helfen.

✿ Die größeren drei Wattekugeln mit der UHU® Klebepistole auf die Rückseite des mittleren Herzens kleben. Sie sollen weit außen an der Herzspitze und an den Rundungen sitzen. Das Ganze auf das große Herz mit der Tortenspitze kleben. Den Vorgang mit dem kleinen Herzen und den kleinen Wattekugeln wiederholen.

Hurra, der
Sommer ist da!

Tanzende Falter in lauen Nächten

Das brauchen Sie:

* Regenbogen-Strohseide
* Entwurfpapier (Architektenpapier)
* Pauspapier
* Tonpapier in Grün, Blau und Schwarz (alle Papiere z. B. von Heyda, im Hobbyfachhandel erhältlich)
* Klammerhefter
* Schere
* UHU® stic Klebestift
* UHU® Alleskleber Kraft

Eine romantische Dekoration für Ihre Terrasse oder den Balkon. Mit den schönsten Naturpapieren lassen sich auf einfache Art attraktive Laternen gestalten, die alles in stimmungsvolles Licht tauchen. Das Papier nennt sich Strohseide, dieses hat den zarten Farbverlauf des Regenbogens. Zur Stabilisierung wird es auf Transparentpapier aufgezogen und mit Himmel und Erde aus Tonpapier ausgeschmückt. Ein schönes Mitbringsel, wenn Sie zum Sommerfest eingeladen sind.

Größe: ca. 20 bzw. 30 cm hoch und 15 cm Durchmesser.

Anleitung:

* Von einem Bogen Regenbogen-Strohseide für die Laterne das Mittelteil mit dem Farbverlauf und für die Schmetterlinge die Seitenteile verwenden. Die Strohseide und das Entwurfpapier je 50 cm lang und 20 bzw. 30 cm breit zuschneiden.

* Das Entwurfpapier wird von links beginnend ganzflächig etwa 15 bis 20 cm weit mit dem UHU® stic Klebestift eingestrichen, die Strohseide aufgelegt und glatt gestrichen.

* Nun aus grünem und blauem Tonpapier 50 cm lange und ca. 10 cm breite Streifen schneiden. Die Motive für Himmel und Gras vom Vorlagebogen auf Entwurfpapier abnehmen und auf das linke Ende des jeweiligen Tonpapierstreifens pausen.

* Die Papierstreifen ziehharmonikaartig exakt in Motivbreite zusammenfalten. Diese Papierblöckchen jeweils außerhalb des Motivs mit Klammern zusammenheften und ausschneiden.

* Himmel und Gras zur oberen bzw. unteren Begrenzung auf die Strohseide kleben. Das ganze Teil zu einem Ring formen und mit UHU® Alleskleber Kraft im Kontaktklebeverfahren (Hinweis siehe Seite 10) zusammenkleben.

* Die Schmetterlingskörper aus schwarzem Tonpapier zuschneiden und in der Längsmitte falten. Jeder Schmetterling bekommt ein verschiedenfarbiges vorderes und hinteres Flügelpaar, das mit UHU® Alleskleber Kraft einfach unter den Körper geklebt wird.

* Die Schmetterlinge beliebig auf den Laternen anordnen und im Kontaktklebeverfahren an den Laternen befestigen.

Motive mit Sand

Das brauchen Sie:

* Entwurfpapier und Pauspapier
* runde Spandose
* breiter Naturholz-Bilderrahmen
* Fotokartonrest in Hellblau
* gefärbter Sand
* UHU® Vielzweckkleber flinke flasche ohne Lösungsmittel

Wer hätte gedacht, dass man mit Klebstoff auch malen kann? Man kann – und das noch besser, wenn farbiger Sand ins Spiel kommt. Der Fantasie-Fisch auf der Spandose und die kleine Sommeridylle mit Segelschiffchen im Bild zeigen, was Sache ist. Frisch und frei aufgemalt oder nach den Vorlagen – die Sandobjekte haben eine ganz eigene Wirkung. Größe: Bild 15 x 15 cm, Spandose 12 cm Durchmesser.

Anleitung:

* Das gewünschte Muster vom Vorlagebogen auf die Spandose und/oder auf den Fotokarton für das Bild pausen.

* Zuerst die Musterlinien mit UHU® flinke flasche nachziehen, am besten stückweise, denn der Klebstoff darf für den folgenden Sandauftrag noch nicht getrocknet sein. Dann reichlich Sand in der gewünschten Farbe auf die Klebefläche streuen. Den überschüssigen Sand mithilfe eines zusammengeklappten Papiers in das Döschen oder in die Tüte zurückschütten.

* Wenn der Klebstoff mit Sand getrocknet ist, können weitere Linien und Flächen für die nächste Sandfarbe aufgetragen werden. Mit dem veränderbaren Klebekopf der UHU® flinke flasche kann man punkt-, strich- und flächenkleben.

* Auf den Dosenrand mit UHU® Vielzweckkleber flinke flasche ohne Lösungsmittel Wellen auftragen und ebenfalls Sand darüber streuen.

* Das Bildchen hinter den Rahmen kleben und das Motiv nach Wunsch mit Klebstoff und Sand auf dem Rahmen ergänzen.

Südseefische am heimischen Fenster

Das brauchen Sie:

* Regenbogen-Fotokarton
* Fotokarton in Blautönen und verschiedenen anderen Farben
* Entwurfpapier (Transparentpapier)
* Pauspapier
* Wackelaugen mit 10, 12 und/oder 14 mm ø
* evtl. einen Kreisschneider
* Zierrandscheren
* Hybridroller (deckende Gel-Tinte) oder Filzstift in Schwarz
* Nähnadel, Faden
* UHU® Alleskleber Kraft

Die flache Grundform der Fische ist aus Regenbogen-Fotokarton, darauf werden beidseitig plastische Bäuche geklebt. Wackelaugen lassen die Fische glotzen, wie sich's gehört, ein paar Flossen vervollkommnen das Ganze. Und das Fenster wird, mit ein paar Wellen zusammen, zur geheimnisvollen Unterwasserwelt. Macht Spaß und sieht super aus.
Größe: Fische ca. 9, 12 und 17 cm hoch.

Anleitung:

* Die Musterzeichnungen vom Vorlagebogen je nach Bedarf auf einem Fotokopiergerät auf 130% bzw. 70% vergrößern bzw. verkleinern. Pro Fisch ein Flossenteil und zwei kleine Einzelflossen auf Regenbogen-Fotokarton pausen. Zwei Körper-Kreisteile werden auf einfarbigen Fotokarton übertragen.

* Die Fischteile ausschneiden, die Flossenaußenkanten werden mit einer Zierrandschere geschnitten.

* Alle Flossenlinien auf beiden Seiten mit schwarzem Stift nachziehen. Nun jedes Kreisteil bis zur Mitte einschneiden und beide Teile jeweils bis zur Markierung im Kontaktklebeverfahren (siehe Seite 10) übereinander kleben, da das Papier unter Spannung steht.

* Diese Körper-Hütchen ebenfalls im Kontaktklebeverfahren von beiden Seiten deckungsgleich auf das Flossenteil kleben, die kleinen Flossen und Wackelaugen am Körper befestigen.

* Aus Fotokarton große und kleine Wellen zuschneiden und beliebig zusammenkleben.

* Wellen und Fische mit Nähgarn verbinden. Die Fische vor dem Durchnähen am besten zwischen Daumen und Zeigefinger ausbalancieren, um den richtigen Schwerpunkt festzulegen.

Sommer, Sonne, Urlaubsfreuden!

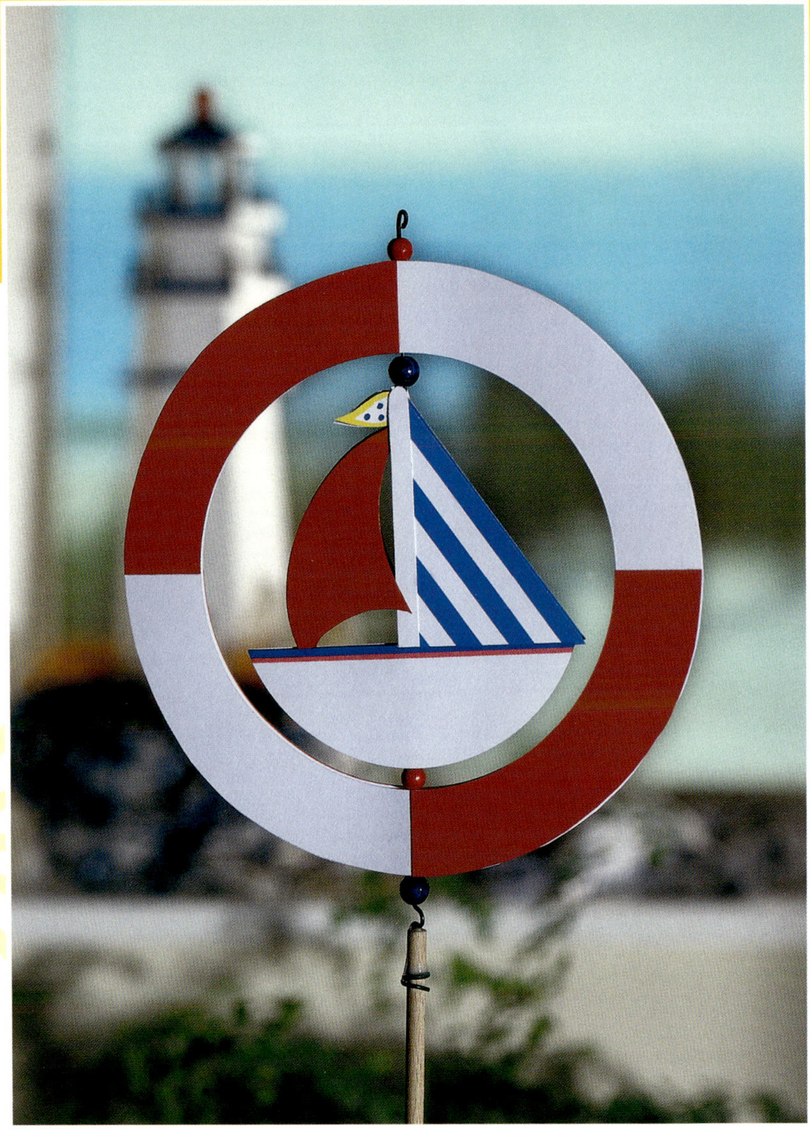

Das brauchen Sie:

- Fotokarton in Weiß, Rot und Blau/Weiß gestreift
- Pauspapier, evtl. Kreisschneider
- Bastelmesser und Pappe zum Unterlegen
- Edding Deco Marker in Rot, Blau und Gelb
- dünne Plastiktrinkhalme
- Stiel- oder Blumensteckdraht, Rundzange
- Holzperlen in Rot und Blau in verschiedenen Größen
- Rundholzstab, 6 mm ø
- UHU® por Hartschaumkleber
- UHU® coll express Holzleim, UHU® fix & fest Klebekissen

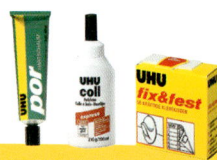

Die neue attraktive Stecker-Kreation im Maritim-Look macht im heimischen Blumentrog auf dem überdachten Balkon eine gute Figur! Der Wind bringt „Action" in die Szene, denn Rettungsring und Segelschiff drehen sich unabhängig voneinander lustig im Sommerwind. Die ganze Technik besteht aus schlichten Plastik-Trinkhalm-Stückchen, die sich schon bei lauen Lüftchen locker und leicht um die eigene Achse drehen. Größe: ca. 19 cm Durchmesser.

Anleitung:

* Die Vorlagen für Rettungsring, Schiffsrumpf mit Mast und Wimpel vom Vorlagebogen auf weißen, die Segel auf roten und gestreiften Fotokarton pausen. Pro Figur jeweils zwei deckungsgleiche Teile zuschneiden. Besonders gleichmäßige Rundungen können dabei mit dem Kreisschneider erzielt werden.

* Einen weiteren Ring aus rotem Fotokarton zuschneiden und in vier Teile teilen. Vorn und hinten je zwei rote Viertelkreise auf den Rettungsring kleben (siehe Foto).

* Die Außenseiten des Schiffsrumpfes und die Wimpel mit Deco Marker wie auf dem Foto oder nach Belieben bemalen.

* Nun Wimpel und Segel an einen Schiffsrumpf kleben, die doppelten Teile für das zweite Schiffsteil separat und gegengleich befestigen.

* Den Plastiktrinkhalm abschneiden: zwei Stücke in Ringhöhe und ein Stück in gesamter Bootshöhe (siehe Vorlage). Die Trinkhalmstücke mit UHU® por an bezeichneter Stelle jeweils auf eine Figurenrückseite kleben.

* Auf die freien Flächen beidseitig der Trinkhalmstücke UHU® fix & fest Klebekissen zum Höhenausgleich anbringen. Für die kleinen Wimpel werden Stückchen der Klebekissen verwendet. Die Trägerpapiere der Klebekissen abziehen und das zweite Motiv jeweils deckungsgleich darüber befestigen.

* Mit der Zange in ein Drahtende eine Öse biegen und wie auf dem Foto eine Perle auffädeln. Den Draht von oben durch das erste Halmstück des Rettungsringes stecken, eine weitere Perle auffädeln, dann den Draht durch den Halm im Schiff stecken und wieder eine Perle auffädeln. Zuletzt den Draht durch den unteren Halm im Ring führen und als Abschluss eine weitere Perle aufstecken.

* Als Stopper einen Bogen in den Draht biegen, das Drahtende um den Rundholzstab wickeln, festdrücken. Die Drahtspirale mit UHU® coll express am Holzstab befestigen. Der Leim trocknet klar auf.

Leuchtturm – Traum von Sonne und Meer

Das brauchen Sie:

- Pauspapier
- Tonpapier in Weiß, Schwarz, Rot, Hellblau, Grün und Gelb
- Fotokarton in Rot
- ein Styroporei, 3 cm ø
- Filzstifte in Schwarz und Rot
- je 1 Holzperle in Schwarz, 6 und 8 mm ø
- 1 Zahnstocher
- Pappkarton in Weiß (z. B. die Rückseite eines Zeichenblocks)
- Zirkel, Bastelmesser
- UHU® Alleskleber flinke flasche

Ein wenig Fernweh darf man ruhig pflegen. Denn irgendwann ist es wieder so weit – der Urlaub mit Sonne, Sand und Meer lockt! Dieser Leuchtturm, einfach aus Papier und Pappe, soll eine Erinnerung an schöne Urlaubstage sein oder ein Vorgeschmack auf noch kommende Ferienfreuden. Schaffen Sie sich mit dem „Leuchtfeuer" ein bisschen Traumschiff-Atmosphäre auf dem Schreibtisch, bei Ihrer Muschelsammlung in einer Schale oder im Windlichtglas. Größe: 24 cm hoch.

Anleitung:

* Die einzelnen Teile nach den Vorlagen auf dem Vorlagebogen auf die entsprechenden Papiere pausen: den Turmkörper auf weißes, die Fensterreihe auf hellblaues, die Brüstung und das (rote) Band für den Turmkörper sowie das Bodenteil für die Plattform mitsamt den Klebelaschen auf rotes Tonpapier.

* Nun mit Zirkel und Bastelmesser Papp-karton-Scheiben von 3 cm, 4 cm und 5 cm Durchmesser sowie eine Scheibe von 5 cm Durchmesser aus rotem Fotokarton zu-schneiden. Die restlichen Teile wie auf dem Foto übertragen und alle Teile aus-schneiden.

* Zuerst das rote Band, dann Einzelfens-ter und Tür auf dem Turmkörper befestigen. Den Turm mithilfe einer Flasche o. Ä. rund biegen und dann zu einer konisch zulaufenden Röhre formen und zusammen-kleben. Zur Verstärkung oben und unten die beiden passenden Pappkarton-Scheiben (4 und 5 cm ø) mit UHU® flinke flasche einkleben.

* Die Brüstung wird zu einem Ring zu-sammengeklebt und das Plattform-Boden-teil entlang der gestrichelten Linie mit den Klebelaschen nach unten zeigend befestigt. Nun am Turm befestigen.

* Die Fensterrahmen mit Filzstift auf die Fensterreihe malen. Das Fensterteil zu einem Ring zusammenkleben, als Verstär-kung die Pappkartonscheibe (3 cm ø) befestigen und die Fensterreihe oben in Turmmitte anbringen. Die rote Fotokar-tonscheibe (5 cm ø) oben auf der Fenster-reihe festkleben.

* Das Styroporei halbieren, eine Hälfte mit rotem Filzstift bemalen und die Halb-kugel als Dach aufkleben.

* Das Fähnchen wird aus Tonpapier angefertigt. Dazu die größere Holzperle in die Mitte des Runddaches (Styroporkugel) kleben. Den Zahnstocher mit Filzstift be-malen und auf 4 cm Länge kürzen. Das Doppelfähnchen wie auf dem Foto um den Zahnstocher kleben. Das Fähnchen in die größere Holzperle auf dem Dach stecken und die kleine Holzperle am Zahnstocher-ende befestigen.

Witzig und nützlich:
Ein Dach für die Augen

Das brauchen Sie:

* Fotokarton gestreift oder einfarbig
* Tonpapierreste
* Wabenpapierreste
* Entwurfpapier (Transparentpapier)
* Pauspapier
* einen dünnen Filzstift in Schwarz
* evtl. Zierrandscheren
* evtl. eine Lochzange
* Gummifaden, pro Sonnenschild etwa 50 cm
* UHU® Alleskleber flinke flasche
* UHU® Alleskleber Kraft

Ob hier oder in südlichen Gefilden, oft kommt man in gleißender Sonne nicht ohne Augenschutz aus. Diese ganz besonderen Kreationen, auch aus gestreiftem Fotokarton, werden alle Blicke auf sich ziehen. Der Clou ist die Verzierung mit plastischem Wabenpapier, mal für Blumen, mal für Marienkäfer, mal für Eiskugeln und für die Sonne. Größe: ca. 23 cm breit.

auf die Unterlage kleben. Jetzt wird die Längsmitte des Wabenpapiers mit Klebstoff eingestrichen. Einfach trocknen lassen.

Nun die oben liegende Wabenpapierfläche mit Klebstoff bestreichen, das Teil auseinander klappen und die zweite Fläche auf der Unterlage festkleben. Da solche kleinen Wabenpapierteile unter größerer Spannung stehen, würde das Teil ohne dieses Verfahren wieder zusammenklappen. Lassen Sie den Klebstoff also erst trocknen, falten Sie das Wabenpapier wieder auf und drücken Sie es jetzt fest.

Den Marienkäfern und der Sonne werden noch Locherpunkte aufgeklebt und die Beinchen der Käfer mit Filzstiften direkt auf das Schild gemalt.

Die Löcher für den Gummifaden rechts und links am Schild mit einer Lochzange herausstanzen oder mit einer Scherenspitze einstechen. Den Gummifaden einziehen, die Enden verknoten. Der Gummifaden wird am Hinterkopf doppelt entlanggeführt.

Anleitung:

Das Sonnenschild vom Vorlagebogen auf Fotokarton pausen, ausschneiden und die Rundbogen an der vorderen Kante nach unten knicken.

Die Teile, die aufgeklebt werden, ebenfalls abpausen und aus Tonpapier zuschneiden, nach Wunsch mit einer Zierrandschere. Die Innenlinien sorgfältig mit Filzstift nachziehen.

Für die Kugeln Halbkreise aus Wabenpapier zuschneiden. Eine Wabenpapierfläche mit UHU® Alleskleber Kraft einstreichen und

Der erste
Schultag ist da!

Das brauchen Sie:

- Schultütenrohlinge (Bastelgeschäft)
- Tonpapier in Schwarz
- Fotokarton in Rot
- Pauspapier, einen weichen Bleistift
- Moosgummi, 2 mm stark, in Schwarz und Weiß
- Chenilledraht in Schwarz
- Wattekugeln, 15 und 20 mm ø
- Filzstifte in Schwarz und Rot
- Krepppapier in Schwarz, 20 und 30 cm breit, ca. 1,20 bzw. 1,50 m lang
- Klammerhefter
- Satinbänder
- UHU® stic Klebestift
- UHU® por

Nach dem Abschied vom Kindergarten und nach den Sommerferien kommt für viele Kinder der erste Schultag. Mit einer Schultüte machen Sie Ihrem Kind den noch ungewohnten Gang leichter. Erst recht, wenn die Tüte im Marienkäferkleid liebevoll selbst gebastelt wird.

Größe: Erstklässlertüte 70 cm, Geschwistertüte 35 cm hoch.

Die schwarzen Punkte aus Tonpapier zuschneiden: für die große Tüte sieben mit je 7 cm, für die kleine fünf Punkte mit je 5 cm Durchmesser. Die Punkte aufkleben. Den Streifen Krepppapier mit einer Längskante von außen an die Tüte legen, eine Papierkante trifft auf die obere Tütenkante, die andere zeigt auf die Spitze. Üppige Falten aus Krepppapier legen und mit dem Klammerhefter befestigen. Die Enden überlappen lassen. Das Papier nach oben klappen, sodass die Klammern verdeckt werden.

Für den Marienkäferkopf die Muster vom Vorlagebogen pausen (für die große Tüte den Kopf auf 180 % vergrößern) und Papiermuster anfertigen. Diese auf das entsprechende Moosgummi legen und die Umrisse mit einem weichen Bleistift nachzeichnen. Die Teile ausschneiden. Augen und Mund mit UHU® por im Kontaktklebeverfahren (siehe Seite 10) aufkleben.

Für die Fühlerenden die Wattekugeln mit schwarzem Filzstift, für die Nase mit rotem Filzstift bemalen. Von der Nasenkugel vor dem Aufkleben eine Scheibe abschneiden, damit sie besser sitzt. Nun zwei Stücke Chenilledraht, 8 und 10 cm lang, abschneiden und etwa 3 cm weit hinter den Moosgummikopf kleben. Darauf die Fühlerenden stecken. Den Kopf in der Tütenmitte festkleben (siehe Foto).

Anleitung:

Den Tütenrohling ringsum mit UHU® stic bestreichen und an einer Tonpapierlängsseite anlegen, sodass die Tütenspitze auf eine Papierecke trifft. Auf dem Tonpapier fest aufrollen. Überstehendes Papier abschneiden. Die noch offene Stelle verdecken später die Flügel.

Die Flügel abpausen und auf 200 % vergrößern. Die Umrisse auf roten Fotokarton übertragen, die Teile ausschneiden und entlang der oberen Tütenkante ankleben. Beide Teile mit Büroklammern zusammenhalten.

Herbstzeit –

Zeit der Farbenpracht

Wetteifern mit den Farben des Herbstes

Das brauchen Sie:

- Doppelkarten, mit und ohne Passepartoutausschnitt in Rot, Gelb und Grün
- Universalkarton in Rot-, Gelb- und Grüntönen
- Motivlocher Ahornblatt groß und klein (z.B. von Heyda)
- verschiedene Zierrandscheren
- UHU® Alleskleber flinke flasche

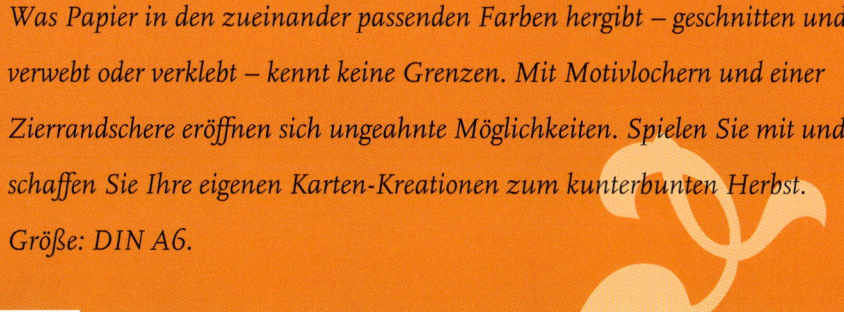

Was Papier in den zueinander passenden Farben hergibt – geschnitten und verwebt oder verklebt – kennt keine Grenzen. Mit Motivlochern und einer Zierrandschere eröffnen sich ungeahnte Möglichkeiten. Spielen Sie mit und schaffen Sie Ihre eigenen Karten-Kreationen zum kunterbunten Herbst. Größe: DIN A6.

Anleitung:

❧ Für die **überwiegend grüne Karte** aus Universalkarton 2 cm breite Streifen mit Zierrand zuschneiden. Die kräftig grünen Streifen parallel nebeneinander legen und verschiedenfarbige Querstreifen, eins auf, eins ab, einweben. In der nächsten Reihe versetzt weben. Die Kanten passend zur Karte beschneiden und das Geflecht aufkleben. Ausgeschmückt wird mit kleinen ausgestanzten Ahornblättern, alle in Rot, alle in gleicher Richtung aufgeklebt.

❧ Für die **überwiegend rote Karte** mit der Zierrandschere Quadrate von 4 x 4 cm in Rot und Gelb (siehe Foto) zuschneiden. Diese überlappend und hübsch gestaffelt auf die grüne Karte kleben (siehe Foto). Zum Schluss ausgestanzte große Ahornblätter in Dunkelgrün auf die gelben Flächen und kleine in Mittelgrün auf die kräftig grünen Flächen kleben.

❧ Der **Passepartoutkarte in Gelb** das Einlegeblatt entnehmen und es innerhalb des Ausschnitts dicht mit ausgestanzten Ahornblättern in vielen Farben bekleben. Das Einlegeblatt innen hineinkleben, auf der Außenseite noch einige Blätter nach Belieben „fallen" lassen.

Drachen für die Fensterdekoration

Das brauchen Sie:

- Pauspapier
- Fotokarton in verschiedenen Farben
- Tonpapier in Schwarz und Weiß
- Schere, Bastelmesser
- Krepppapier in verschiedenen Farben
- schmale bunte Bändchen, je Drachen ca. 1,20 m
- Kordel o. Ä., Regenbogentransparentpapier
- Pappe zum Unterlegen
- einen wasserfesten Filzstift in Schwarz
- UHU® Alleskleber flinke flasche, UHU® tac patafix

Alle Farben dieser Welt vereinen sich im Naturschauspiel des Regenbogens. Das Regenbogentransparentpapier, im Hobbyfachhandel erhältlich, ahmt diese Optik nach und bietet darüber hinaus alle Farben mit schönem Farbverlauf zur jeweils nächsten Farbe. Es ist eine Freude, damit zu gestalten. Zum Beispiel diese einfachen Drachen, mal mit gruseliger Fratze, mal mit erstauntem Gesicht – ganz wie Sie wünschen. Schnüre mit Schleifchen aus Krepppapier machen die Dekoration komplett.
Größe: ca. 20,5 x 28,5 cm.

Anleitung:

🐦 Alle Einzelteile vom Vorlagebogen abpausen, auf Fotokarton bzw. Tonpapier übertragen und ausschneiden. Die Musterzeichnung zeigt auf einer Hälfte das Drachengesicht mit rundem Mund und erstaunten Augen, auf der anderen Seite das mit einem gruseligen Gesicht. Das gewünschte Gesicht beim Übertragen spiegelbildlich ergänzen. Der erschrockene Drachen hat schon alle Haare, der Fratzendrachen bekommt keine Haare.

🐦 Jeder Drachen besteht aus zwei Rahmenteilen aus Fotokarton. Dazwischen wird das Regenbogentransparentpapier geklebt. Die Rahmenteile mit dem Bastelmesser am Lineal entlang ausschneiden.

🐦 Für die Augen die schwarzen und weißen Tonpapierteile aufeinander kleben, die Augenlichtchen mit dem Bastelmesser herausschneiden.

🐦 Für die Schleifen der Drachenschnüre Krepppapier in ca. 4 x 6 cm große Stücke schneiden. Jeweils vier Schleifen in ein ca. 40 cm langes buntes Band knoten.

🐦 Ein Rahmenteil auf eine Unterlage legen, das Regenbogentransparentpapier darauf kleben, darauf die Haare, seitlich und unten die Drachenschnüre und dann den zweiten Rahmen. Die Gesichtsteile mithilfe der Vorlage anbringen. Linien und Wimpern mit dem Filzstift aufmalen.

🐦 Drachen und Drachenschnüre können mit weich gekneteten Stücken UHU® tac patafix am Fensterrahmen und auf der Scheibe befestigt werden. So können sie auch wieder entfernt oder versetzt werden. UHU® tac patafix einfach wegrubbeln.

Gepresste Blüten auf dem Tisch

Das brauchen Sie:

- Styroporkugeln, 6, 10 und 12 cm ø
- gepresste Blüten und Blätter
- Bastelfarbe in Weiß
- Flachpinsel
- Schaschlikspieße
- Bouillondraht
- Unterteller
- UHU® Bastelkleber

Bei einem Herbstspaziergang werden die schönsten Blätter und Blüten gesammelt und gepresst. Einfache Styroporkugeln lassen sich mit den Naturmaterialien sozusagen tapezieren! Legen Sie eine Schale mit Moos aus und richten Sie die Kugeln mit Früchten des Herbstes dekorativ an. Größe: ca. 6, 10 und 12 cm Durchmesser.

Anleitung:

🍂 Damit bei ganz zarten Blättchen die Styropormaserung nicht durchscheint, die Styroporkugeln zuerst mit weißer Farbe streichen. Anschließend die Kugeln, auf einen Schaschlikspieß gesteckt, zum Trocknen beiseite stellen.

🍂 Etwas Bastelkleber auf einen Unterteller o.Ä. geben und mit wenig Wasser verrühren.

🍂 Nun einen Teil der Styroporkugel mit diesem Wasser-Kleber-Gemisch einstreichen, ein gepresstes Blättchen darauf legen und sacht feststreichen. Wenn die Kugel zur Hälfte bedeckt ist, wird sie zum Trocknen beiseite gestellt. Anschließend die Kugel fertig bekleben. Der Glanz entsteht allein durch den Bastelkleber.

🍂 Nach Wunsch können die fertigen Kugeln mit auseinander gezogenem Bouillondraht umwickelt werden. Drahtanfang und -ende werden in das Styropor gesteckt.

Halloween-Früchtchen im Fenster

Das brauchen Sie:

- Pauspapier
- Fotokarton in Rotorange, Gelborange und mehreren Grüntönen
- Schere
- Bastelmesser
- Pappe zum Unterlegen
- Filzstift in Schwarz
- Buntstifte
- Transparentpapier in Gelb
- getrocknetes Laub
- UHU® Alleskleber flinke flasche

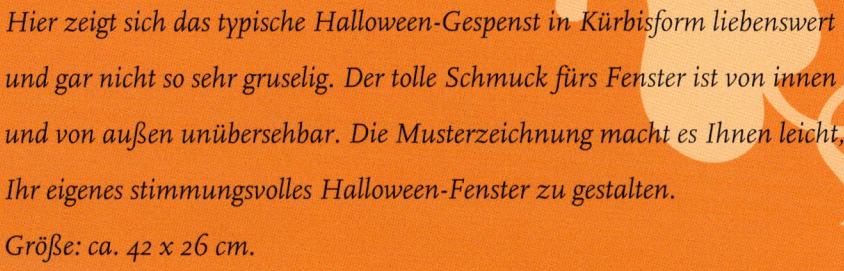

Hier zeigt sich das typische Halloween-Gespenst in Kürbisform liebenswert
und gar nicht so sehr gruselig. Der tolle Schmuck fürs Fenster ist von innen
und von außen unübersehbar. Die Musterzeichnung macht es Ihnen leicht,
Ihr eigenes stimmungsvolles Halloween-Fenster zu gestalten.
Größe: ca. 42 x 26 cm.

Anleitung:

🦉 Die Musterzeichnungen vom Vorlagebogen auf einem Fotokopiergerät auf 150 % vergrößern. Dann auf den entsprechenden Fotokarton übertragen und ausschneiden. Augen, Nase und Mund werden mit dem Bastelmesser herausgeschnitten. Für ein zweiseitiges Fensterbild alle Teile außer dem Bodenteil doppelt, und zwar gegengleich, zuschneiden.

🦉 Alle Innenlinien mit Filzstift nachziehen und die Teile mit Buntstiften wie auf dem Foto oder nach Wunsch bemalen. Nun die Gesichtsausschnitte mit Transparentpapier hinterkleben.

🦉 Herbstlaubblätter auf dem Bodenteil befestigen und die Kürbisse darüber festkleben. Gegebenenfalls jetzt die Früchte für die Rückseite dagegenkleben. Hübsch sehen auf der Vorderseite noch einige zusätzlich angebrachte, über die Kürbisse ragende Herbstlaubblätter aus.

Farbenprächtiges Herbstlaub

Das brauchen Sie:

- gepresstes Herbstlaub
- Blüten, Gräser, Moose
- Blumensamen, z. B. von Judas-Silberlingen
- Regenbogentransparentpapier
- Fotokarton, farblich passend
- Passepartoutkarten oder einfache Doppelkarten
- Pinzette
- UHU® Alleskleber extra tropffrei
- UHU® por

Farben und Formen von Herbstblättern sind so vielfältig und interessant,

dass sie, geschickt arrangiert, zum Beispiel zu Fischen werden können!

Im „Aquarium" aus Regenbogentransparentpapier an der Fensterscheibe

oder auf farbigen Grußkarten.

Größe: transparentes Fensterbild 50 x 24 cm, Karten 10 x 15 cm, 10 x 21 cm.

🍂 Für das Aquarium-Fensterbild die Pflanzenteile mit dem tropffreien UHU® Alleskleber extra auf Regenbogentransparentpapier befestigen. Dann für den Rahmen 1,5 cm breite Fotokartonstreifen zurechtschneiden. Die Streifen an den Ecken überlappend aufkleben.

Tipp: Um das Fensterbild an der Glasscheibe zu befestigen, nimmt man am besten UHU® por. Dazu je nach Bildgröße an mehreren Stellen je einen Tropfen Klebstoff auf die später nach außen zeigende Seite des Bildes geben. 45 Minuten trocknen lassen. Der Klebstoff darf keine Fäden mehr ziehen, wenn man ihn berührt. Dennoch bleibt er elastisch. Das Bild auf der Fensterscheibe platzieren und fest andrücken. Es lässt sich ganz einfach wieder abnehmen oder verschieben, Klebereste abrubbeln.

Anleitung:

🍂 Mit den gepressten Pflanzenteilen und Moosen Unterwasserlandschaften gestalten und auf die verschiedenen Untergründe kleben. Dazu möglichst wenig Klebstoff verwenden. Kleine Teile vorsichtig mit der Pinzette bewegen.

🍂 Aus größeren Blättern verschiedene Fischformen ausschneiden und auf Passepartoutkarten kleben. Die Fische mit Augen (Pflanzensamen) versehen.

Für Kinder:
Drei lustige Uhus
zum Basteln

Das brauchst du:

- Streichholz- und Seifenschachteln, Toilettenpapierrollen
- Tonpapier in verschiedenen Farben
- Pauspapier
- Schere
- Glanzkarton oder farbige Wellpappe
- buntes Papier
- Stoffreste
- UHU® Bastelkleber

Diese lustigen drei Gesellen sind nicht viel größer als eine Streichholz-schachtel oder Toilettenpapierrolle, machen Kindern aber riesig viel Spaß beim Basteln. Und ehe man sichs' versieht, ist ein ganzer Wald voller bunter Uhus entstanden, der das Kinderzimmer schmückt. Und wie die Nachbarn schauen, wenn plötzlich im Garten lauter Uhus in den Büschen sitzen!

Anleitung:

🦉 Die Schachteln oder Rollen mit farbigem Tonpapier bekleben.

🦉 Die Muster vom Vorlagebogen abpausen, auf Ton- oder Glanzpapier übertragen und ausschneiden. Alternativ werden die einzelnen Teile ausgeschnitten und mit bunten Papieren oder Stoffresten beklebt.

🦉 Nun die Teile in der Reihenfolge zusammenkleben: schwarze Pupillen auf die kleineren Kreise kleben, diese auf die großen Kreise. Darüber die gezackten Augenbrauenbüschel kleben.

🦉 Nun auf der Streichholzschachtel Nase und Füße des Uhus befestigen (siehe Foto unten). An die oberen Ecken die Augen mit den Augenbrauen kleben.

🦉 Am hinteren Teil der Streichholzschachtel die großen Flügel anbringen.

Ein Kranz für den Herbst

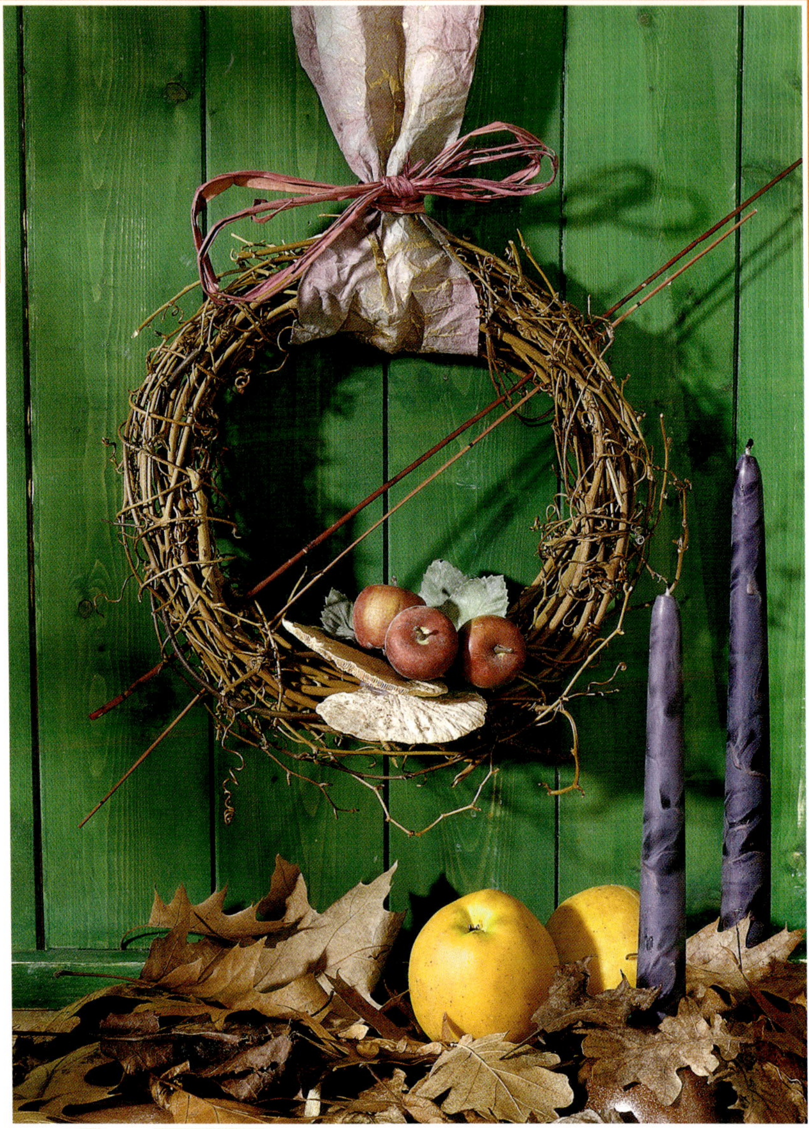

Das brauchen Sie:

- ca. 60 cm Papierband in Violett/Grün/Gold, ca. 10 cm breit
- Rebenkranz, ca. 25 cm ø
- Raffiabast in Zartviolett
- 1 Apfelzweig mit 3 dunkelroten Äpfelchen mit Blättern
- 2 kleinere Baumpilze
- 2 Stücke Elefantenreed in Violett, je ca. 50 cm lang
- UHU® Klebepistole LT 110 XL
- UHU® Klebepatronen, transparent

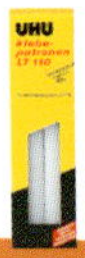

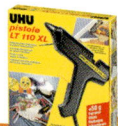

*Nach üppiger sommerlicher Blütezeit lässt der Herbst wieder zur Einfach-
heit zurückkehren. Auch beim Dekorieren. Das Material soll natürlich und
edel sein, die Dekoration aber wird auf das Nötigste reduziert. Im Hobbyfachhandel gibt es den fertigen Rebenkranz, dazu den Zweig mit roten
Äpfelchen, Baumpilze und „Elefantenreed". Diese Utensilien mit der Klebepistole zu befestigen ist nicht schwer und im Handumdrehen gemacht.
Für das Ergebnis findet sich immer ein geeignetes Plätzchen.
Größe: ca. 25 cm Durchmesser.*

Anleitung:

Das Papierband um den Kranz schlin-
gen und die Enden verknoten. Dicht
oberhalb des Kranzes wird das Band mit
Raffiabast zusammengehalten.

Zuerst werden die beiden Baumpilze
mit der Klebepistole in der unteren Kranz-
mitte befestigt. Darüber die Äpfelchen ein-
stecken und festkleben.

Jetzt werden noch die Blätter zurecht-
gebogen und unter bzw. hinter den Äpfelchen festgeklebt.

Zuletzt die beiden Elefantenreedstücke
schräg durch den Kranz stecken.

Tipp: Um die Arbeit zu erleichtern, lohnt
es sich, den Kranz nach dem Umwinden
mit Papierband in Arbeitshöhe über dem
Arbeitsplatz aufzuhängen.

Stimmungsvoll zum Martinstag: „Ich gehe mit meiner Laterne..."

Das brauchen Sie:

- Entwurfpapier (Architektenpapier) oder weißes Transparentpapier
- Fotokarton in Schwarz, Dunkelblau und Rot
- Schere, Bastelmesser
- Pappe zum Unterlegen
- Tonpapierreste in Mittel- und Hellblau
- Schneiderkopierpapier in Weiß
- Transparentpapierreste in Orange, Rot und Braun
- einen wasserfesten Filzstift in Schwarz
- je Laterne einen Holzstab und Tragebügel
- Kettelzange
- Lochzange
- je eine Aluhülle vom Teelicht
- UHU® Alleskleber Kraft
- UHU® fix & fest Klebekissen

Zur Erinnerung an St. Martin gibt es am 10. November die traditionellen Umzüge, bei denen die vielfältigsten Laternenkreationen zu bewundern sind. Die schönsten sind zweifellos die selbst gemachten! Ihre Kinder werden vom Schneemann oder vom Pinguin begeistert sein!

Größe: ca. 20 cm Durchmesser.

Anleitung:

🐦 Die Muster für Zwischenteil und Motiv vom Vorlagebogen abpausen und auf 200 % vergrößern. Auf den entsprechenden Fotokarton übertragen und an den Außenkanten entlang mit der Schere, die Innenausschnitte mit dem Bastelmesser ausschneiden. Die Teile jeweils zweimal für Vorder- und Rückteil ausschneiden. Schnabel, Nase, Schal und Besen aus buntem Transparentpapier zuschneiden, Augen und Schneemannknöpfe aus Fotokarton.

🐦 Für die Platzierung der Motivteile die Musterzeichnung zu Hilfe nehmen. Zuletzt das Fotokarton-Kreisteil mit dem Innenausschnitt passgenau darauf kleben.

🐦 Die Figuren mit Hüten, Hutbändern bzw. mit Mützen und Mützenmittelteilen (siehe Vorlagen) bekleben. In die obere Mitte der Laternen Löcher für den Tragebügel stanzen.

🐦 Die Knicklinien der Klebelaschen des Mittelteils und die Querlinien für den Boden (siehe Vorlage) mit dem Bastelmesser am Lineal entlang ganz leicht vorritzen. So wird das Knicken erleichtert.

🐦 Das Zwischenteil im Kontaktklebeverfahren (siehe Seite 10) mit UHU® Alleskleber Kraft zwischen zwei Motivteile kleben. Beim Boden beginnen, dann die Seitenwände nacheinander nach oben kleben. Zuerst den Boden und die erste Seitenwand befestigen. Dann die mit Klebstoff bestrichenen Zähnchen der zweiten Seite nach innen umknicken, den Boden festkleben und dann Zähnchen für Zähnchen nach oben arbeiten. So können die Teile nicht zusammenkleben, bevor sie richtig platziert sind.

🐦 Die leeren Aluhüllen mit UHU® fix & fest Klebekissen in der Mitte des Laternenbodens befestigen, die Kerze mit heißen Wachstropfen einsetzen.

🐦 Den Tragebügel von innen nach außen durch die Löcher stecken und die Drahtenden außen zu Ösen biegen.

Der *Winter*

kommt mit Eis und Schnee

Rendezvous der großen und kleinen Sterne

Das brauchen Sie:

* 3-D-Wellpappe in Gold
* Fotokarton oder Tonpapier in Gold und Silber
* Pauspapier
* Bastelmesser
* Pappe zum Unterlegen
* Falzbein
* Stern-Motivlocher in Groß und Klein
* UHU® Alleskleber Kraft
* UHU® fix & fest Klebekissen

Aus glänzender Wellpappe mit Sinuswellen in Gold fertigen Sie die Schachtel mit Unterteil und Deckel an. Beide werden nach dem gleichen Prinzip gebaut. Und wie vom Himmel gefallen, lassen sich Sterne in Silber und Gold darauf nieder, zum Teil mit Abstandhaltern hoch aufgestapelt. Das bringt Licht und Schatten in die Szene. So wird die Sternschachtel zur attraktiven Verpackung oder selbst zum Geschenk. Größe: ca. 25 cm Durchmesser.

Anleitung:

✳ Die Vorlagen vom Vorlagebogen auf 141 % vergrößern. Alle Teile ausschneiden. Die Sternform einmal entlang der äußersten Linie (= Deckel), einmal entlang der zweitäußeren Linie (= Unterteil) auf die Rückseite der Wellpappe übertragen. Die inneren beiden Sterne auf das silberne und goldene Papier übertragen.

✳ Für die Seitenwände folgende Streifen aus Wellpappe zuschneiden: für den Deckel 85 x 7 cm, für das Unterteil 82 x 8 cm. Da die Wellpappe nur 70 cm lang ist, müssen die Streifen zusammengesetzt werden.

✳ Jeweils an einer Längsseite der Streifen eine 1 cm breite Klebelasche mit dem Falzbein vorfalzen. Nun wird quer dazu der ganze Streifen fortlaufend im Abstand Sternspitze – Sterninnenecke gefalzt.

✳ Die Klebelaschen umknicken. Bei den Querfalzen bei den Spitzen des Sterns jeweils die Zugabe der Klebelaschen reduzieren, d. h. als flache Spitze herausschneiden.

✳ Nun die Seitenwände mit UHU® Alleskleber Kraft im Kontaktklebeverfahren (siehe Seite 10) auf das Deckel- bzw. auf das Bodenteil kleben.

✳ Aus dem kleineren Papierstern für die Deckelverzierung große und kleine Sterne ausstanzen. Zusätzlich mehrere große und kleine Gold- und Silbersterne stanzen. Jeweils zweifarbig aufeinander kleben, manche flach mit UHU® Alleskleber Kraft, andere mit UHU® fix & fest Klebekissen mit Abstand.

✳ Zum Schluss Deckel und Seitenwand mit weiteren Sternen ausschmücken.

Das brauchen Sie:

* Pauspapier
* Wellpappe in Weiß
* Schere, Bastelmesser
* Pappe zum Unterlegen
* Karte aus Wellpappe in Weiß
* Fotokarton und Tonpapier in Silber
* Tortenspitze in Silber
* Seidenpapier in Silber
* Falzbein, evtl. Zierrandschere
* dünne Kordel in Silber
* Lackstifte in Silber und Weiß
* UHU® Alleskleber Kraft
* UHU® fix & fest Klebekissen
* UHU® Glitter glue

Schöne Tortenspitzen geben eine richtig festliche Tischdekoration ab. Silber in Verbindung mit weißer Wellpappe sieht edel aus und ist rasch gebastelt. Eine raffinierte plastische Wirkung erzielen Sie mit den Klebekissen. Der Effekt ist super! Größe: Menükarte DIN A6, Sterne 5 bis 12 cm Durchmesser, Tischkärtchen 4 x 10 cm, „Bonbons" ca. 14 cm lang.

Anleitung:

Für den **Serviettenring** den größten Stern vom Vorlagebogen zweimal auf Wellpappe abpausen, die Sterne ausschneiden und die Kreise mit dem Bastelmesser herausschneiden. Beide Sternvorderseiten mit Teilen der Tortenspitze und silbernem UHU® Glitter glue ausschmücken. Nun beide Sterne an der obersten Zacke und den beiden nebenliegenden Zacken mit UHU® Alleskleber Kraft zusammenkleben.

In die **Menükarte** aus weißer Wellpappe dem Bruch entlang ein silbernes Tonpapier-Einlegeblatt einkleben und die Kordel umbinden. Die Vorderseite mit Tortenspitzen und Glitter glue schmücken. Die glatte Rückseite der Wellpappe beschriften.

Das **Tischkärtchen** aus Wellpappe vom Vorlagebogen abpausen und nach der Musterzeichnung zuschneiden. Die gestrichelten Linien zeigen Knicklinien an, die mit dem Falzbein an einem Lineal entlang vorgefalzt und geknickt werden. Die nach innen ragende Falte rechts und links festkleben. Dann die Kärtchenvorderseite ausschmücken. Der Name wird wieder auf die glatte Rückseite der Wellpappe geschrieben. In die Falte des Kärtchens einen doppelten Fotokartonstern stecken.

Für die **Bonbons** werden kleine Geschenke in silbernes Seidenpapier gewickelt und beidseitig mit Kordel abgebunden. Einen Wellpappestreifen ca. 5,5 x 14 cm lang zuschneiden und im Kontaktklebeverfahren (siehe Seite 10) zu einer Röhre zusammenkleben. Nun die Röhre mit Tortenspitzen-Teilen bekleben und auf das Bonbon schieben.

Verschieden große **Sterne** aus Wellpappe und Fotokarton zuschneiden und mit UHU® Glitter glue in Silber verzieren. Jeweils zwei (unterschiedlich große) Sterne mit UHU® fix & fest Klebekissen aufeinander kleben.

Schicke Schachteln fürs Weihnachtsgebäck

Das brauchen Sie:

- ❄ Wellpappe in Blau und Silber
- ❄ Dekoband in Blau und Gold/Silber, ca. 4 bis 5 cm breit, 50 cm bzw. 70 cm lang
- ❄ Pauspapier
- ❄ Bastelmesser
- ❄ Pappe zum Unterlegen
- ❄ Falzbein
- ❄ UHU® Alleskleber Kraft
- ❄ UHU® Glitter glue

*Diese Schalen aus Wellpappe sind wunderschöne vorweihnachtliche Mit-
bringsel. Sie bestehen aus drei Teilen und werden vor dem Zusammenbau
verziert. Mit den Glitterfarben können Sie, dem Muster der Rillen folgend,
nach Belieben Striche und Punkte direkt aus den Tuben setzen.
Größe: 13 x 9 x 6,5 cm und 19 x 13 x 9 cm.*

Anleitung:

❄ Die Musterteile vom Vorlagebogen auf
die Wellpappe pausen, dabei die Pfeile
für den Wellenverlauf beachten. Die Teile
ausschneiden, die schmalen Schlitze für
das Band am besten mit dem Bastelmesser
herausschneiden. Die Zeichnung ist für
die kleine Schale originalgroß. Für die blaue
die Musterzeichnungen auf einem Fotokopiergerät auf 170 % vergrößern. Jede
andere Größe ist auch möglich.

❄ Nun werden alle Knicklinien auf der
Papprückseite mit einem Falzbein an einem
Lineal entlang vorgefalzt. Die flach liegen-
den Teile nach dem Muster der Rillen mit
UHU® Glitter glue verzieren und vor der
Weiterverarbeitung erst einmal gut trock-
nen lassen.

❄ Die Teile im Kontaktklebeverfahren
(siehe Seite 10) zur Schale zusammenkleben. Zuletzt das Dekoband durch die
Einschnitte ziehen und Bandanfang und
-ende innen in einer Ecke festkleben.

Das brauchen Sie:

* Pauspapier
* Schere
* Wellpappe in Gold, Silber und/oder anderen gedeckten Farbtönen
* Bastelmesser
* Pappe zum Unterlegen oder Schneidematte
* Wattekugeln, 20 und 25 mm ø: für den Mond 4 Stück, für die Sterne je Etage 5 Stück
* Zahnstocher
* Metallic-Farben in Gold, Silber, Kupfer und einem anderen gewünschten Farbton
* Pinsel
* UHU® Klebepistole LT 110 XL
* UHU® Klebepatronen glitter-color in Gold, Silber und Rot
* Teelicht-Glaseinsätze

Eine super Idee, Teelichter mit Glashüllen hübsch zu präsentieren! Einfach mit schön geriffelter Wellpappe im Mond- und/oder Sternenformat. Den Abstand zwischen den Etagen halten angemalte Wattekugeln. Mit feinen Glitterpunkten oder -linien setzen Sie die gewünschten Akzente.

Größe: Sterne ca. 13 bis 23 cm Durchmesser, Mond ca. 25 x 18 cm.

Anleitung:

Die Musterzeichnungen vom Vorlagebogen abpausen und auf die entsprechende Wellpapperückseite übertragen. Dazu eventuell Schablonen aus stärkerem Papier herstellen. Die Teile ausschneiden. Für den inneren Kreisausschnitt der obersten Etage das Bastelmesser benutzen.

Die Wattekugeln auf je einen Zahnstocher stecken und bemalen. Zum Trocknen in ein Stück Styropor o.Ä. stecken.

Nun die Klebepistole vorbereiten. Normalerweise ist die Glitzerspur der Patronen einfarbig. Mit einem besonderen Trick kann

man eine attraktive Gold-Silber-Rot-Mischung erhalten. Dazu werden eigene Patronen hergestellt: Eine Gold- und eine Silberpatrone in etwa 5 cm lange Stücke schneiden, eine rote Patrone in etwa 1 cm lange Stücke teilen. Nun mit Glitterkleber aus der Pistole jeweils drei bis vier Abschnitte in immer wechselnder Farbfolge Gold – Rot – Silber – Rot – Gold usw. zusammenkleben. Kämen die Teile einzeln in die Pistole, würden die sehr kurzen roten nach unten rutschen und könnten nicht weitertransportiert werden.

Die Wellpappeteile mit dem Glitterkleber verzieren. Die Glitterkonturen gelingen am besten, wenn dabei die Pistolenmündung nicht aufgesetzt, sondern im Abstand von etwa 5 mm über die Wellpappe geführt wird.

Anschließend die Wattekugeln auf die Unterseite des oberen Wellpappeteils kleben. Dann auf die Unterseite jeder Wattekugel einen Klebeklecks geben und sofort auf das untere Wellpappeteil setzen.

In den ausgeschnittenen Kreis je einen Teelicht-Glaseinsatz setzen. Dort hinein können Sie nach Belieben Teelichte oder andere Kerzen setzen.

Der Mann aus Schnee und Eis

Das brauchen Sie:

* Pauspapier
* Universalkarton in Weiß
* Schere
* Fotokarton in Rotorange, Dunkelbraun, Grün und Blau
* Tonpapierreste in Gelb und Schwarz
* Hybridroller (deckende Gel-Tinte) in Schwarz, Weiß und Orange
* Bastelmesser, Pappe zum Unterlegen
* karierter Stoffrest, roter Kordelrest
* 4 bunte Knöpfe
* UHU® stic Klebestift

Wenn die Kinder – wie so oft – lange auf das Schneemann-Bauen draußen warten müssen, können Sie das schon mal mit Papier „üben". Auch so macht's Spaß – und die Hände werden nicht kalt dabei! Es ist überhaupt nicht schwer: Die Teile werden übertragen, ausgeschnitten und zusammengeklebt. Der schicke Karoschal ist aus Stoff, das macht sich gut. Ein bildschöner Blickfang im Fenster, von innen und von außen.

Größe: 25 x 20 cm.

Anleitung:

❄ Außer den Astarmen (siehe Musterzeichnung) alle Teile zweimal (einmal seitenrichtig und einmal seitenverkehrt) vom Vorlagebogen abpausen und auf das entsprechende Papier übertragen, ausschneiden.

❄ Alle Innenlinien wie auf der Zeichnung und dem Foto mit dem schwarzen Hybridroller nachziehen. Die dicke Linie beim Hut mit dem Bastelmesser einschneiden, den Schneemannkopf durch den Schlitz schieben und festkleben.

❄ Alle Teile wie auf dem Foto mit dem UHU® stic Klebestift aufkleben, auch den Schal aus Stoff und die Knöpfe.

❄ Die Astarme nur einmal ausschneiden, von hinten auf den ersten kompletten Schneemann kleben. Die Teile für die Rückseite (nochmal ein ganzer Schneemann) gegengleich aufkleben.

❄ Zuletzt noch Kordelstückchen auf den Hut kleben, die Vogelfüßchen und die Augenlichter mit weißem bzw. orangefarbenem Stift aufmalen.

Neues Design für Weihnachtsteller

Das brauchen Sie:

- ❄ Terrakotta-Teller, 28 cm ø (Creative Hobbies)
- ❄ Blecheimer, 12 x 13 cm
- ❄ Servietten mit Weihnachtsmotiven
- ❄ Flachpinsel
- ❄ Backpapier
- ❄ Bügeleisen
- ❄ UHU® Servietten-Technik Lack

Zauberhafte Papierserviettenmotive inspirieren derzeit „alle Welt", sie in aktuelle Bastelarbeiten einzubeziehen. Die weihnachtlichen Symbole wie Tannen, Sterne, Kugeln und Herzen und hier sogar ein Nikolausstiefel werden ausgeschnitten und nur die oberste hauchdünne Serviettenschicht verwendet – und das sieht aus wie handgemalt! Sie wird auf einer Lackschicht mithilfe des Bügeleisens fixiert und mit einer weiteren Schicht Lack wischfest versiegelt. Ein Thema, das auf einfache und schnelle Weise erstaunliche Ergebnisse bietet.

Größe: Teller 28 cm Durchmesser, Eimer 12 x 13 cm.

Anleitung:

※ Den Tellerrand und den ganzen Eimer zunächst mit dem Lack einstreichen und alles trocknen lassen.

※ Nun die oberste, bedruckte Schicht von der Serviette abziehen und die gewünschten Motive ausschneiden. Die andere Methode: Zuerst die Motive aus der Serviette ausschneiden, dann die oberste Schicht davon abziehen. Die hauchdünnen Motive auf die lackierten Stellen auf Eimer oder Teller platzieren.

※ Darüber wird Backpapier gelegt und die Motive werden durch Überbügeln mit dem Bügeleisen bei Einstellung „Wolle" fixiert. Der Lack wird durch die Hitze klebrig und die Serviettenschicht bleibt haften, ohne sich zu verschieben.

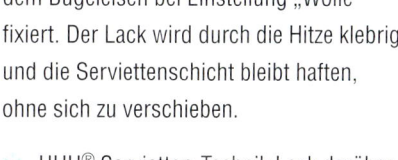

※ UHU® Servietten-Technik Lack darüber streichen, eventuell nach dem Trocknen noch einmal. Die Motive sind nun wischfest versiegelt.

※ Die andere Möglichkeit: Das Serviettenmotiv in die noch feuchte, erste Lackschicht legen und vorsichtig andrücken. Nach dem Trocknen noch einmal mit UHU® Servietten-Technik Lack überstreichen.

Weihnachtliche Grüße mit Glanz

Das brauchen Sie:

- ❄ Klapp- oder Einfachkarten (mit Kuverts) in Rot, Grün und Blau
- ❄ Fotokarton in Rot, Grün und Gelb
- ❄ Pauspapier
- ❄ Bastelmesser und Pappe zum Unterlegen
- ❄ Motivlocher Herz und Stern
- ❄ evtl. Hybridroller (deckende Gel-Tinte) in Gold und Kupfer zum Beschriften
- ❄ Lochzange
- ❄ UHU® Alleskleber extra (tropffrei)
- ❄ UHU® Glitter glue

Neue Ideen für Glückwunschkarten sind immer wieder willkommen! Diese werden Ihnen auf Anhieb gelingen, denn sie sind überraschend einfach zu realisieren. Die Fronten der Karten werden zweimal geschlitzt und mit Herz, Tanne oder Stern bestückt. Dazu passen ausgestanzte Sternchen und Herzchen aus dem Motivlocher. Oder Sie verwenden die Einsteckmotive separat als Geschenkanhänger. Richtig festlich wird's durch die Verzierung mit UHU® Glitter glue.

Größe: DIN A 6 und ca. 7 x 7 cm

Anleitung:

❋ Die Kartenvorderseiten erhalten jeweils mit zwei Einschnitten einen Steg, hinter den das entsprechende Motiv gesteckt wird. Bei Einfachkarten kann dieses Motiv doppelt als Klappkärtchen geschnitten werden. Innen bleibt dann genügend Platz für handgeschriebene Wünsche. Bei Klappkarten reicht es, das Motiv einfach auszuschneiden.

❋ Das Herz, den Stern oder den Tannenbaum vom Vorlagebogen auf Fotokarton pausen. Für Klappkärtchen nun den Karton entlang der gestrichelten Linie umknicken und das Teil als Klappmotiv ausschneiden.

❋ Dieses Motiv auf die Vorderseite der Karte legen, die Einschnitte für den Steg markieren und mit dem Bastelmesser einschneiden.

❋ Nun das Motiv hinter den Steg stecken und alles mit UHU® Glitter glue ausschmücken. Nach Wunsch noch ausgestanzte Motive aufkleben.

❋ Die Geschenkanhänger einfach oder doppelt als Klappmotive zuschneiden und die Front mit UHU® Glitter glue ausschmücken. Mit der Lochzange wird ein Loch herausgestanzt und ein Bändchen zum Anhängen durchgezogen.

Lichtspiele
wie aus dem Orient

Das brauchen Sie:

- ❄ verschiedene Gläser, z. B. Marmeladengläser, Einmachgläser
- ❄ Metall-Topfreiniger
- ❄ verschiedene Gold- und Silberdrähte, z. B. Plombendraht, Effektdraht, Bouillondraht
- ❄ rote, blaue und grüne Wachsperlen, 3 und 4 mm ø
- ❄ Rundzange
- ❄ UHU® Klebepistole LT 110 XL
- ❄ UHU® Klebepatronen glitter-color
- ❄ UHU® Glitter glue
- ❄ UHU® por

Matt glänzende Wachsperlen „auf Draht" und filigrane Drahtspiralen

werden Punkt für Punkt auf einfache Gläser geklebt. Das sind zündende

Ideen für zauberhafte kleine Geschenke, die blinken und glitzern.

Vielfach bricht sich das Licht – und alles sieht geradezu glamourös aus.

Das Glas im Hintergrund ist mit einem Topfreiniger aus Metall überzogen.

Warum nicht? Sieht gut aus und muss nicht jedem verraten werden.

Größe: ca. 5 bis 11 cm hoch.

Anleitung:

✳ Für das **Glas im Hintergrund** den Metall-Topfreiniger über das Glas ziehen und ihn oben und unten mit einigen Glitter-Klebepunkten aus der Klebepistole fixieren.

✳ Dann den Bouillondraht auseinander ziehen und beliebig Perlen auffädeln. Den Topfreiniger auf dem Glas fest mit diesem Draht umwickeln. Nun noch über das ganze Glas Glitter-glue-Punkte aufsetzen. Auf dem oberen Rand wird noch eine Bouillondraht-Bogenkante mit der Klebepistole befestigt.

✳ Für die **Gläser im Vordergrund** die Plombendraht-Stücke halbieren und mit der Rundzange zu S-Spiralen oder zu einfachen Spiralen mit langem geradem Ende (siehe Vorlagebogen) biegen. Glitter-Klebepunkte mit der Klebepistole auf das Glas setzen und die Spiralen sofort hineindrücken.

✳ Auf der glatten Oberfläche des Glases lösen sich die Punkte wahrscheinlich wieder ab. Aber die Stelle am Glas hat Struktur bekommen, sodass erneut aufgeklebt werden kann, diesmal mit UHU® por Hartschaumkleber im Kontaktklebeverfahren (siehe Seite 10).

✳ Die Gläser nach Wunsch noch weiter verzieren, z. B. durch Umwickeln mit verschiedenen Drähten, mit und ohne aufgefädelte Perlen, und UHU® Glitter glue.

Glückssymbole
fürs Neue Jahr

Das brauchen Sie:

* Transparentpapier (Architektenpapier)
* einen weichen Bleistift (2B)
* Schere
* Velourspapier in verschiedenen Farben
* Glitzergras in verschiedenen Farben, beides im
  Hobbyfachhandel erhältlich
* Schaschlikspieße oder Steckdraht (Floristikbedarf)
* Klammerhefter mit Klammern
* UHU® Alleskleber Kraft
* UHU® Glitter glue

Hufeisen, Kleeblatt, Marienkäfer und Schwein sollen Glück bringen, heißt es im Volksmund. Unsere Glücksbringer, Raketen und Zylinder im Sektkühler sind einfach und schnell zu basteln. Das textil wirkende Velourspapier aus dem Hobbyfachhandel eignet sich besonders gut dafür. Den festlichen Glanz bringen Glitzergras und Glitterfarben. Oder sind Sie vielleicht eingeladen? Dann verschenken Sie die Stecker in Blumentöpfchen mit Klee (vierblättrig natürlich).

Größe: Schwein ca. 5 x 5 cm, Kleeblatt bis ca. 9 x 7 cm.

Anleitung:

✱ Die Motive vom Vorlagebogen übertragen, dazu Transparentpapier und Bleistift verwenden. Dann das Transparentpapier mit der Zeichnung nach unten auf die Rückseite des Velourspapiers legen und alle Linien noch einmal nachfahren. So überträgt sich der Grafitstaub des Bleistifts vom Transparent- auf das Velourspapier.

✱ Jedes Teil grob ausschneiden und außerhalb der Motivlinie mit einem zweiten Stück Velourspapier so zusammenklammern, dass die Veloursseiten innen liegen. So können in einem Arbeitsgang zwei deckungsgleiche Teile ausgeschnitten werden. Die innen liegenden Motivlinien nach dem Ausschneiden der Teile auf die Vorderseiten übertragen.

✱ Nun zwei gleiche Teile mit einem dazwischen gelegten Schaschlikspieß oder Steckdraht passgenau mit UHU® Alleskleber Kraft aufeinander kleben. Die Schweineohren werden extra ausgeschnitten und nur oben festgeklebt, damit sie unten etwas abstehen.

✱ Das Glitzergras am Raketenende zuerst an einem Velourspapierteil festkleben, dann das zweite Teil darüber befestigen. Die Raketenspitze wird aus kontrastfarbenem Velourspapier gearbeitet.

✱ Nun außen entlang der innen verlaufenden Motivlinien (siehe Motivvorlage) mit UHU® Glitter glue frei Glanzpunkte anbringen. Zuerst eine Seite verzieren, das Teil trocknen lassen, dann die zweite Seite.

Geschenke, Geschenke,

Glänzend
verzierte Dekokugeln

Das brauchen Sie:

- ❤ Kokospapier in verschiedenen Farben
- ❤ Styroporkugeln zwischen 3 und 15 cm ø
- ❤ Schaschlikspieße, Stofflappchen
- ❤ Wasserfarben, Schwammstückchen
- ❤ Rundholzstäbe, 5 bis 8 mm ø, Bleistiftspitzer
- ❤ Silberdraht, 1 mm ø, Rundzange
- ❤ Goldbändchen
- ❤ UHU® Kleister für Papiertapeten, UHU® Glitter glue
- ❤ UHU® Klebepistole LT 110≥
- ❤ UHU® Klebepatronen glitter-color in verschiedenen Farben

  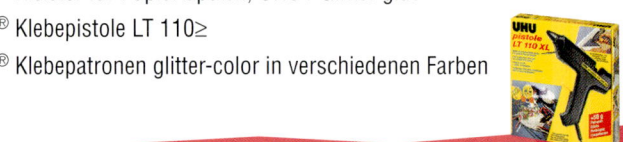

Fehlt Ihnen im Treppenhaus oder in Ihrer Wohnung noch ein schöner Blickfang? Unser Vorschlag: ein Buchsbaumbusch mit einer dezenten und doch festlich glänzenden Dekoration, natürlich selbst gemacht! Styroporkugeln werden mit Naturpapier umgeben. Mit Glitter glue aus der Tube gibt's Glitzereffekte, geschmolzener Glitterkleber sorgt für Muster in allen Formen und für effektvolle Schnörkel. Die Kugeln eignen sich ebenso für den Tannenbaum oder einen weihnachtlichen Strauß.

Größe: von 3 bis 15 cm Durchmesser.

Anleitung:

❤ Den Kleister im Verhältnis 1:25 anrühren. Für die Kugeln reicht die Menge aus, die sich aus 2 Esslöffeln Pulver, vermischt mit 50 Esslöffeln Wasser, ergibt.

❤ Das Kokospapier in Stücke reißen. Für große Kugeln können diese etwa 10 cm, für die kleinsten Kugeln ca. 3 cm groß sein. In jede Kugel einen Schaschlikspieß stecken. Damit werden die Kugeln später zum Trocknen beiseite gestellt.

❤ Die Kugel nun um den Schaschlikspieß herum (mit den Fingern oder einem dicken Pinsel) mit Kleister einstreichen. Ein Papierstück auf die Kugel legen und dünn und gleichmäßig Kleister darüber streichen. Etwas überlappend wird das nächste Papierstück aufgeklebt und so weiter, bis die Kugel vollständig beklebt ist. Zum Trocknen (einen Tag bei Zimmertemperatur) in einen Blumentopf, Verpackungsstyropor oder dergleichen stecken.

❤ Einen Klecks UHU® Glitter glue in einem zur jeweiligen Farbe der Kugel passenden Farbton – es gibt Gold, Silber, Rot, Blau, Grün und Lila – auf einen kleinen Teller geben. Das Stoffläppchen fest um den Zeigefinger wickeln, etwas Glitter glue damit aufnehmen und damit leicht über die Kugel wischen. So soll die Kugel ringsum gleichmäßige Glitzereffekte erhalten.

❤ Nun die Kugeln mit der Klebepistole und dem plastischen Glitterkleber verzieren. Dabei die Pistolenmündung im Abstand von etwa 5 mm über die Kugel führen. Dabei beliebige Muster „zeichnen".

❤ Die Steckerstäbe mit Wasserfarben bemalen. Die Farbe lässt sich schnell und gleichmäßig mit einem Schwämmchen auftragen. Die Stäbe in der gewünschten Länge abschneiden, jeweils ein Ende mit einem Bleistiftspitzer anspitzen und den Stab dann anstelle des Schaschlikspießes in die Kugel stecken.

❤ Für hängende Kugeln, je nach Kugeldurchmesser, ca. 3 bis 10 cm lange Silberdrahtstücke abzwicken. Ein Drahtende zu einer runden Öse biegen, den Draht anstelle des Schaschlikspießes in die Kugel stecken und mit einem Klebeklecks vor dem Herausrutschen sichern. Ein Goldbändchen als Aufhänger durch die Öse fädeln.

Schatztruhe & Co. im neuen Bezug

Das brauchen Sie:

- ❤ Papprohlinge, z.B. Kästchen, Bücher, Dosen (Creative Hobbies)
- ❤ festes Geschenkpapier
- ❤ Bleistift
- ❤ Schere
- ❤ Naturpapiere (z.B. Mulberry-Paper oder Moonrock) in zum Geschenkpapier passenden Farben
- ❤ Klammerhefter
- ❤ UHU® Alleskleber flinke flasche

Kästchen und Schachteln können manchmal einen neuen Anstrich ver-
tragen. Bekleben Sie sie einfach mit Ihrem Lieblingsgeschenkpapier. Dann
wird etwas Besonderes daraus: ein Geschenk oder eine Geschenkverpackung
zum Weiterverwenden. Sie werden sehen, das Ordnunghalten macht auf
einmal Spaß! Größe: Schatzkiste ca. 17 x 12 x 12 cm; Buch 14,5 x 11 cm.

Dann das Papierteil auf Kästchen oder Dose
legen und aufdrücken. Die Zugaben (bei
Rundungen muss mehrfach eingeschnitten
werden) um die Kanten kleben.

❤ Alle weiteren Schnittteile auf die gleiche
Weise abnehmen, zuschneiden und aufkleben. Bei Zuschnitten für Buchbezüge
zuerst die Zugabe in Buchrückenbreite nach
innen kleben. Dann das Buch mit dem
Buchrücken aufkleben und den Klebstoff
trocknen lassen. Nun die Buchdeckel außen
beziehen und die Zugaben straff um die
Kanten nach innen gezogen befestigen.

❤ Vom Muster des ausgewählten
Geschenkpapiers vergrößerte Kopien anfertigen. Die gewünschten Musterteile
grob ausschneiden und dieses Papier
außerhalb des Musters mit dem Klammerhefter auf das Naturpapier tackern. Die
Muster ausschneiden. Nun die bezogenen
Pappteile damit schmücken.

Anleitung:

❤ Bei Kästchen zuerst die schmalen
Seitenwände, bei Dosen zuerst die
Deckeloberseite beziehen. Dafür das zu
beziehende Pappteil auf die Rückseite des
Geschenkpapiers legen und mit einem
Bleistift umfahren. Diese Teile mit ringsum
ca. 1,5 cm Zugabe ausschneiden.

❤ Den Klebstoff gleichmäßig mit heraus-
gedrehtem Klebekopf zum Flächenkleben
auf dem Papierzuschnitt auftragen.

Pünktchen, Pünktchen, Komma, Strich ...

Das brauchen Sie:

- ❤ Tonpapier und/oder Fotokarton in verschiedenen Farben
- ❤ Zierrandscheren oder Zierrandcutter (z. B. von Heyda)
- ❤ Schneidematte (z. B. von Prym)
- ❤ Lochzange
- ❤ Bändchen
- ❤ Filzstift in Schwarz für die Torte
- ❤ UHU® stic Klebestift
- ❤ UHU® neon glue
- ❤ UHU® fix & fest Klebekissen

Komplett wird ein Geschenk erst durch eine mindestens kleine passende

Notiz, die Auskunft darüber gibt, wer das Geschenk erhalten soll und

wer der Schenkende ist. Dafür genügen ein paar Stückchen farbiges Papier

und eine fantasievolle Verzierung. Mit UHU® neon glue ein Vergnügen.

Es geht schnell und die Farben sind einfach zu handhaben. Sicher kommen

Ihnen beim Ausprobieren schon die besten Ideen, die Sie – Punkt für

Punkt – realisieren wollen. Dann macht's erst richtig Spaß.

Größe: ca. 7 x 7 cm bis 10 x 10 cm.

Anleitung:

❤ Doppelkärtchen in gewünschter Größe aus Tonpapier anfertigen. Die zu bemalende Tonpapierfläche mit Zierrand zuschneiden und mit fix & fest Klebekissen gerade oder versetzt auf die Grundfläche kleben.

❤ Blume und Herz vom Vorlagebogen abpausen, auf Tonpapier übertragen und ausschneiden, ebenfalls mit Abstand aufkleben.

❤ Für die Aufhängung mit der Lochzange (oder dem Locher) Löcher in die Kärtchen stanzen und passende Bändchen jetzt oder nach dem Trocknen der Farbe einziehen.

❤ Die Kärtchen mit neon glue in Punkten wie auf dem Foto oder nach Belieben bemalen. Mit einem Zahnstocher kann man die Farbpunkte etwas verziehen, z.B. zu ovalen Blättchen. Oder man kann fast trockene Punkte oder Ovale mit einem Messer leicht einkerben.

❤ Für die **Torte** eine Doppelkarte in Blau ca. 7 x 7 cm groß zuschneiden. Dann die fünf Schichten wie folgt zuschneiden: in Weiß mit der Zierrandschere mit den Durchmessern von ca. 3,5 cm, 4,5 cm und 5,5 cm, in Braun mit glattem Rand 4 cm und 5 cm Durchmesser. Die oberste, weiße Schicht mit dem Filzstift in Tortenstücke einteilen.

❤ UHU® fix & fest Klebekissen zwischen die einzelnen Lagen kleben. Zuletzt Kirschen aus UHU® neon glue in Pink auf die Torte setzen.

Tipp: Mit UHU® neon glue lässt sich übrigens auch Stoff bemalen. Wenn die Malerei zuvor einer Lichtquelle ausgesetzt war, leuchtet die Farbe im Dunkeln. Das ist ideal für Shirts und Turnschuhe. Die Teile lassen sich bei 40 °C problemlos waschen.

Karten mit Schütteleffekt

Das brauchen Sie:

- ❤ Passepartoutkarten (mit Einlegeblättern) mit verschiedenen Ausschnitten und in verschiedenen Farben
- ❤ für die Fenster feste, klare Folie, z. B. von Dokumentenmappen
- ❤ geeignete Bilder, z. B. aus Zeitschriften
- ❤ Schüttelmaterial wie Lavendelblüten, Pailletten, Stanzmotive
- ❤ Bandreste und schmückendes Beiwerk
- ❤ UHU® stic Klebestift
- ❤ UHU® fix & fest Klebekissen

Haben Sie schon solch originelle Karten in der Hand gehabt? Diese Grußkarten haben ein „bewegtes" Innenleben. Dank einer festen Klarsichtfolie als Fenster vorn und Abstandhaltern vom Untergrund (UHU® fix & fest) lässt sich Schüttelmaterial hineingeben. Möglich sind alle kleinteiligen Sachen wie hier: Motive aus dem Wunderlocher, Buchstaben, Sternchen und Lavendelblüten. Kreieren Sie Ihre Karten mit eigenen Ideen, z. B. Sand, Sternchennudeln, Vogelfutter, Kaffee, Tee. Größe: DIN A6.

Anleitung:

💜 Ein für den Anlass passendes Bild auf das Einlegeblatt kleben. Ein Folienstück mindestens 1 cm größer zuschneiden als der Passepartoutausschnitt der Karte ist. Die Karte aufklappen und das „Fenster" mit dem Klebestift aufkleben.

💜 Auf das „Fenster", dicht außerhalb vom Passepartoutausschnitt, die UHU® fix & fest Klebekissen aufkleben. Sie sollen am Ausschnitt entlang lückenlos aneinander anschließen (man kann sie auch mit der Schere halbieren).

💜 Nun das gewünschte Schüttelmaterial aufs Fenster geben, die Trägerpapierstücke entfernen und das Einlegeblatt mit dem aufgeklebten Bild passgenau aufkleben.

💜 Die Karten nach Belieben mit weiterem Dekorationsmaterial schmücken.

Verpackungen mit Pfiff

Das brauchen Sie:

- ❤ Fotokarton in Gold oder Fotokarton mit Sternen
- ❤ Strohseide mit Goldfäden oder Seidenpapier
- ❤ evtl. Glitterspray
- ❤ Pauspapier
- ❤ Zierrandschere
- ❤ Klammerhefter
- ❤ dünne Kordel und kleine Quasten
  (beides z. B. von Rayher Hobbykunst)
- ❤ UHU® Alleskleber Kraft
- ❤ UHU® Glitter glue

Diese beutelähnlichen Umhüllungen frei nach Christo sehen festlich aus, sind schnell gemacht und werden mit Sicherheit gefallen. Der Boden ist ein Sechseck, die „Wände" bestehen aus sechs Sternen, alles an einem Stück. Dieses Gerüst wird auf Strohseide oder Seidenpapier geklebt, die Enden hübsch zusammengerafft und gebunden. Für viele Gaben ideal – und keiner errät so schnell, was sich unter der fantasievollen Hülle versteckt. Größe: ca. 11 bzw. 18 cm Durchmesser.

Anleitung:

❤ Das Sternteil vom Vorlagebogen auf den Fotokarton pausen und ausschneiden. Die Sterne mit UHU® Glitter glue schmücken und trocknen lassen. Die Zeichnung ist für die kleinen Verpackungen originalgroß abgebildet. Für die größere weißgoldene Verpackung vergrößern Sie die Musterzeichnung auf einem Fotokopiergerät auf 170 %. Jede andere Größe ist auch möglich.

❤ Aus der Strohseide oder dem Seidenpapier einen Kreis mit mindestens dem doppelten Durchmesser des Sternteils zuschneiden (evtl. mit einer Zierrandschere), das Papier knüllen und wieder glatt streichen. Nach Wunsch das Seidenpapier leicht mit Glitterspray übersprühen.

❤ Die Rückseite des Sternteils mit UHU® Alleskleber Kraft einstreichen und auf die Strohseide bzw. auf die Vorderseite des Seidenpapiers aufkleben. Die Sterne nach oben klappen und die Strohseide jeweils zwischen den Sternen in Falten zusammenklammern.

❤ Wenn das Geschenk eingelegt ist, die Strohseide oben zusammenfassen und das Päckchen mit der Kordel verschließen. Zum Schluss noch kleine Quasten an die Kordelenden binden.

UHU® *Die Produkte*

Klebstoffe für jedes Material

Lesebeispiel:

Papier auf Kork = 1/2

1 = UHU Alleskleber
oder
2 = UHU Alleskleber Kraft

	Holz				Kunststoffe					harte Materialien			flexible Materialien			Papier		
	Holz-Furniere	Balsaholz	Holz**, Sperrholz, Spanplatten	Kork	Resopal®, Bakelite®, Duroplast	Weich-Schaum (Schaumgummi, -stoff)	Hart-Schaum (Styropor®)	Weich-Kunststoffe (Weich-PVC)	Hart-Kunststoffe (PVC, ABS, Polystyrol)	Metall	Stein, Beton, Keramik	Glas, Porzellan	Gummi	Leder	Textil, Filz	Fotos	Pappe, Karton	Papier
Papier	1/4	1/8	1/5	1/2	1/2	2/2	10/*	10/4	2	2/3	1/2	1/2	1/2	2/1	1/4	16/5	1/5	5/4
Pappe, Karton	1/4	1/8	2/7	1/3	2/3	2/*	10	2	9	2/3	2/1	1/2	2/3	1/4	1/4	16/5	1/5	
Fotos	10/16	10/16	10/16	10/16	10/16	16	16	16	16/16	16	16	16	16	16	15/16	10/16		
Textil, Filz	2/1	2/1	2/1	2/*	2/3	2/3	10/*	2/14	2/3	3	3/2	2/1	3	2/3	2/3			
Leder	2/3	1/3	2/3	2/3	2/3	2/3	10/*	2	2/3	2/3	3/12	1/12	2/3	2/3				
Gummi	3/11	12/3	3/11	2/3	3/11	2/3	10	2	3/11	11/6	3/12	11/2	3/11					
Glas, Porzellan	2/3	12/1	6/1	2/3	15	2/3	10	2	2/9	6/11	6	6						
Stein, Beton, Keramik	3/2	3/2	3/6	3/2	3/2	2/3	10/*	2	3/2	6	6							
Metall	2/3	6/12	6/3	2/2	6/11	2/3	10/*	2	11/9	6								
Hart-Kunststoffe (PVC, ABS, Polystyrol)	2/9	9/12	3/2	3/2	3/11	2/3	10	2/9	9/13									
Weich-Kunststoffe (Weich-PVC)	2/14	2/12	2/14	2	11/2	2	10	2										
Hart-Schaum (Styropor®)	10/7	10/7	10/7	10/7	7	10/*	7											
Weich-Schaum (Schaumgummi, -stoff)	2/3	2/3	2/3	2/3	2/3	2/3												
Resopal®, Bakelite®, Duroplast	3/14	3/14	3/14	3/2	2/11													
Kork	7/2	7/12	2/*	2/3														
Holz**, Sperrholz, Spanplatten	7/3	7/12	7/2															
Balsaholz	7/2	12/8																
Holz-Furniere	7/2																	

Mit dieser Klebstofftabelle finden Sie den richtigen Klebstoff abhängig von den gewählten Materialien.

Darüber hinaus finden Sie Produktinformationen, weitere Bastel- und Bauanleitungen sowie eine interaktive Klebstoffsuche im Internet unter **http://www.uhu.de**.

Universal- und Kontaktkleber

* Für große Flächen: UHU Sprühkleber

Spezialkleber

Papier- und Bastelkleber

An diesem Symbol erkennen Sie die lösungsmittelfreien Produkte von UHU.

Sekundenkleber

Holzkleber

Im Falle eines Falles – UHU

Im FALKEN Verlag sind zahlreiche Titel zum Thema „Kreatives Gestalten" erschienen.
Bitte fragen Sie überall dort, wo es Bücher gibt.

Sie finden uns im Internet: **www.falken.de**

Dieses Buch wurde auf chlorfrei gebleichtem und säurefreiem Papier gedruckt.

Der Text dieses Buches entspricht den Regeln der neuen deutschen Rechtschreibung.

ISBN 3 8068 7650 9

© 2001 by FALKEN Verlag in der Verlagsgruppe FALKEN/Mosaik,
einem Unternehmen der Verlagsgruppe Random House GmbH, 65527 Niederhausen/Ts.
Die Verwertung der Texte und Bilder, auch auszugsweise, ist ohne Zustimmung des
Verlags urheberrechtswidrig und strafbar. Dies gilt auch für Vervielfältigungen,
Übersetzungen, Mikroverfilmung und für die Verarbeitung in elektronischen Systemen.

Umschlaggestaltung: Peter Udo Pinzer
Projektleitung: Uta Koßmagk/Carina Janßen
Autorinnen: Moni Pfaff-Kern und Margret Seewald
Redaktion: Sylvia Winnewisser, Wiesbaden
Buchgestaltung und Satz: Christina Dinkel, Wiesbaden
Herstellung: Horst Bachmann
Fotos: U Zwei Fotodesign, Offenburg
Zeichnungen: Ulrike Hoffmann, Bodenheim

Die Ratschläge in diesem Buch sind von den Autorinnen und vom Verlag sorgfältig erwogen
und geprüft, dennoch kann eine Garantie nicht übernommen werden. Eine Haftung der
Autorinnen bzw. des Verlags und seiner Beauftragten für Personen-, Sach- und Vermögens-
schäden ist ausgeschlossen.

Druck: aprinta Druck GmbH & Co. KG, Wemding
Reproduktion: Lithotronic, Frankfurt

817 2635 4453 6271